LES ÉDITIONS G. VAN OEST

1904
1929

CATALOGUE

LES ÉDITIONS G. VAN OEST

3 ET 5, RUE DU PETIT-PONT, PARIS-Vᵉ

R. C. Seine, 228.843 B

1904-1929

CATALOGUE GÉNÉRAL

1ᴱᴿ JUILLET 1929

MAISON A BRUXELLES

48, RUE COUDENBERG

Ce catalogue annule les précédents.
Les prix marqués dans ce catalogue sont compris en francs français.

DIVISIONS DE CE CATALOGUE

NOTICE HISTORIQUE

Le 1ᵉʳ juillet 1904 s'installait à Bruxelles, 16, place du Musée, la *Librairie Nationale d'Art et d'Histoire* que venait de fonder M. G. Van Oest avec l'appui de M. Laurent Fierens. Cette jeune maison prouvait aussitôt sa hardiesse en publiant plusieurs ouvrages importants sur l'art ancien de Belgique et de Hollande : *Peter Bruegel l'ancien, son œuvre et son temps*, par R. Van Bastelaer et G. Hulin de Loo; *Histoire de l'Art mosan*, par J. Helbig et J. Brassinne. Elle entreprenait en même temps la publication de la revue *l'Art flamand et hollandais*, dont la direction fut confiée à M. Paul Buschmann.

Puis, sans attendre, M. G. Van Oest entamait, par la création de collections successives, l'exploration méthodique de l'édition dans le domaine de l'histoire de l'art :

En 1906, *les Grands Artistes des Pays-Bas.*
En 1907, *les Artistes belges contemporains.*
En 1910, *la Bibliothèque de l'Art du XVIIIᵉ siècle.*

L'esprit d'entreprise qui, dès les premiers mois de sa fondation, anima la Librairie G. Van Oest, l'avait poussé à participer par d'importantes publications aux grandes expositions organisées en Belgique et en France. Rappelons les principaux ouvrages commémoratifs dont la mise en œuvre lui a été confiée depuis 1905 jusqu'à 1928 :

Exposition des Arts anciens bruxellois à Bruxelles en 1905.
Exposition de la Toison d'Or à Bruges en 1907.
Exposition de l'Art belge du XVIIᵉ siècle à Bruxelles en 1910.

Exposition de la Miniature à Bruxelles en 1912.
Exposition de l'Art ancien dans les Flandres à Gand en 1913.
Exposition de l'Art belge au XIXe siècle à Bruxelles en 1922.
Exposition de l'Art belge ancien et moderne à Paris en 1923.
Exposition du Livre français au Pavillon de Marsan en 1923.
Exposition des Pastels français des XVIIe et XVIIIe siècles à Paris en 1927.
Exposition des Arts anciens de l'Amérique au Pavillon de Marsan en 1928.

D'autres ouvrages importants, consacrés à l'étude approfondie d'artistes éminents ou d'œuvres considérables, avaient été entrepris et publiés : *Alfred Stevens et son œuvre*, par Camille LEMONNIER (1907); *les Dessins de Jacopo Bellini*, par Victor GOLOUBEW (1908); *Auguste Rodin, l'homme et l'œuvre*, par Judith CLADEL (1908); *les Primitifs flamands*, par FIERENS-GEVAERT (1909 à 1912); *les Heures de Milan*, par G. HULIN DE LOO; *Jacques Callot, maître graveur*, par Pierre-Paul PLAN (1911); *Hieronymus Bosch, son art, son influence, ses disciples*, par Paul LAFOND (1914); *Nicolas Poussin, premier peintre du Roi*, par Émile MAGNE (1914).

En 1913, à la veille de la guerre, M. G. Van Oest entreprenait, sur l'instigation de son fidèle ami, M. Victor GOLOUBEW, l'édition d'ouvrages sur l'Art d'Extrême-Orient. A cette époque naquit la collection *Ars Asiatica* que depuis sa fondation dirige M. Goloubew et dont les premiers volumes furent : *la Peinture chinoise au Musée Cernuschi*, par Ed. CHAVANNES et Raphaël PETRUCCI (1913), et *Six monuments de la Sculpture chinoise*, par Ed. CHAVANNES (1914).

Le 1er août 1912, M. G. Van Oest avait transféré sa librairie au n° 4 de la place du Musée à Bruxelles. Mais, estimant que la Belgique n'offrait plus un champ suffisant au développement de son programme, le 1er janvier 1913, il créait à Paris, 63, boulevard Haussmann, une succursale qui devait constituer, dans un avenir aussi proche que possible, le nouveau siège de la maison. La guerre et les difficultés d'après-guerre empêchèrent longtemps la réalisation de ce projet, et c'est seulement au début de 1924 que la succursale de Paris devint la maison principale. Les services, bientôt à l'étroit, furent transférés en janvier 1926 dans des locaux plus vastes, situés 3 et 5, rue du Petit-Pont, à l'ombre de Notre-Dame de Paris.

Aussitôt la guerre finie, l'effort de la librairie Van Oest reprit plus activement encore qu'avant 1914 et se manifesta par la création de plusieurs collections importantes et la mise en œuvre de publications de longue haleine. Rappelons, tout d'abord, la création en 1920 de la série des grands ouvrages illustrés sur l'*Histoire de la Miniature de Manuscrits* dans les divers pays. Cette collection, qui compte aujourd'hui huit volumes in-4° jésus auxquels d'autres succéderont, a commencé par les deux célèbres ouvrages : *la Miniature flamande au temps de la cour de Bourgogne*, du comte Paul DURRIEU (1921), et *la Miniature française du XIII*e *au XV*e *siècle*, par Henry MARTIN (1923).

Peu de temps après, en 1924, paraissait le premier volume de *l'Histoire de la Gravure en France : la Gravure de genre et de mœurs en France au XVIII*e *siècle*, par Émile DACIER. Les huit volumes que comprend actuellement cette série seront, dans les années qui vont venir, complétés par d'autres.

A cette époque encore la Librairie Van Oest décida la publication des *Richesses d'Art de la France*, vaste recueil dressé par provinces des trésors artistiques de notre pays, dans lequel, sous la direction de MM. Marcel AUBERT, Louis HAUTECŒUR et Louis RÉAU, s'achève actuellement l'inventaire de *la Bourgogne*.

L'année 1925 vit paraître les premiers fascicules semestriels des *Trésors des Bibliothèques de France*. Cette publication, dirigée par MM. R. CANTINELLI et É. DACIER, comprend aujourd'hui neuf fascicules.

Deux nouvelles collections naissaient encore en 1926, formées d'ouvrages de petit format et de prix modique destinés à un public plus large : *la Bibliothèque d'Histoire de l'Art*, dirigée par M. Auguste MARGUILLIER ; *Architecture et Arts décoratifs*, dirigée par M. Louis HAUTECŒUR. Chacune comprend aujourd'hui douze volumes environ.

Enfin, parut en 1928 le premier des douze volumes des *Peintres français du XVIII*e *siècle*, dont M. Louis DIMIER, assisté de nombreux savants et spécialistes, a assumé la publication.

En dehors des ouvrages de collections et des publications de longue haleine, nombre de travaux importants étaient en même temps publiés. Nous ne pouvons rappeler ici que les principaux : *Histoire de la Peinture de portrait en France au XVIe siècle* (4 vol.), par Louis Dimier; *Histoire de la Peinture française des origines à la fin du XVIIIe siècle* (5 vol.), par Louis Dimier et Louis Réau; *la Peinture flamande des origines à la fin du XVe siècle* (3 vol.), par Fierens-Gevaert; *les Xylographies du XIVe et du XVe siècle au Cabinet des Estampes de la Bibliothèque Nationale,* par P.-A. Lemoisne; *Léonard de Vinci, l'artiste et l'homme* (3 vol.), par Osvald Sirén; *Catalogue raisonné de l'Œuvre de Vincent Van Gogh* (4 vol.), par J.-B. de la Faille.

Par ailleurs, et pour répondre au besoin d'une fraction plus spéciale de sa clientèle, la Librairie G. Van Oest entreprenait, sous l'inspiration et par les soins de M. L. Hautecœur, la réimpression de *l'Architecture française* de Jean Mariette, d'après l'édition originale de 1727.

Dans le domaine de l'art d'Extrême-Orient, notre maison, reprenant en 1919 l'effort interrompu par la guerre, parvenait à se placer en peu d'années au tout premier rang. Aux deux volumes parus en 1913 et 1914 dans notre collection *Ars Asiatica* sont venus s'ajouter onze autres ouvrages. Elle inaugurait entre temps une nouvelle collection, *la Bibliothèque d'Art des Annales du Musée Guimet,* qui comprend aujourd'hui trois ouvrages importants du professeur Osvald Sirén : *la Sculpture chinoise du Ve au XIVe siècle* (5 vol.); *les Peintures chinoises dans les Collections américaines* et *l'Histoire des Arts anciens de la Chine,* 6 volumes en cours de publication.

Depuis 1924, nous pouvons nous enorgueillir du titre d'éditeurs de l'École française d'Extrême-Orient, qui nous a chargés du soin d'éditer ses *Publications,* sa *Bibliothèque* et, en outre, une collection de grand format: les *Mémoires archéologiques de l'École Française d'Extrême-Orient,* où ont paru en 1926 *le Temple d'Içvarapura,* par L. Finot, V. Goloubew et H. Parmentier, et en 1929 la première partie d'un grand ouvrage consacré au *Temple d'Angkor Vat.* C'est encore à notre maison que revient l'honneur de publier les *Mémoires de la Délégation archéologique française en Afghanistan,* dont un volume consacré aux *Antiquités bouddhiques de*

Bamiyan, par A. et Y. GODARD et J. HACKIN, a paru en 1927, tandis que trois autres volumes, consacrés aux célèbres *Fouilles de Hadda*, par Jules BARTHOUX, sont en préparation, ainsi que deux volumes de M. A. FOUCHER, membre de l'Institut.

Dans le domaine asiatique non plus que celui de l'art occidental il ne nous est possible même d'indiquer les ouvrages notables que nous avons publiés en dehors de nos collections depuis 1919; on en trouvera l'énumération complète dans notre catalogue; contentons-nous de citer *les Palais impériaux de Pékin*, par Osvald SIRÉN; *les Bronzes antiques de la Chine*, par M. TCH'OU TÔ-YI, avec des notes de M. Paul PELLIOT; *le Royaume de Champa*, par G. MASPERO.

Il est temps de faire remarquer ici que nous avons publié jusqu'à ce jour un assez grand nombre d'ouvrages en langue anglaise relatifs à des collections publiques ou privées d'Angleterre ou aux écoles anglaises de certaines branches de l'art; de ces volumes notre catalogue donne la liste complète.

Depuis le 1er juillet 1927, notre maison d'éditions s'est constituée en une Société anonyme à laquelle M. G. Van Oest continue sa collaboration en qualité de Président du Conseil d'administration, assisté de MM. Pierre d'Espezel, Paul Franc, Robert Gérard, Henri Monnet et Paul Pelliot, membre de l'Institut, comme Administrateurs, et de M. Henri Marchal comme Secrétaire général de la Société.

Au cours de cette longue notice dont nous demandons qu'on excuse l'inévitable aridité, nous avons exposé le résultat de vingt-cinq années d'un labeur assidu. Nous comptons poursuivre le même effort pendant les années à venir et, dès maintenant, nous sommes en mesure d'annoncer la préparation de deux entreprises importantes: une vaste publication consacrée aux *Monuments de l'Art en Espagne*, sous la direction d'un Comité de savants présidé par le duc d'ALBE, avec la collaboration d'un groupe d'érudits espagnols et français, et une nouvelle collection dont l'animateur est le docteur Paul RIVET, assisté de M. Georges-Henri RIVIÈRE, et qui sous le titre d'*Ars Americana* poursuivra, en faveur des arts anciens de l'Amérique, un effort parallèle à celui que nous avons entrepris dès 1912 avec *Ars Asiatica* pour les arts de l'Orient.

Nous souhaitons ardemment que les savants, les amateurs, les collectionneurs, ainsi que l'élite du grand public, qui depuis 1904 nous ont témoigné une confiance que nous espérons avoir méritée, veuillent bien continuer à seconder notre persévérance.

En terminant, nous tenons à témoigner notre infinie gratitude à tous ceux, dont beaucoup ont, hélas ! disparu, qui, depuis vingt-cinq ans, nous ont aidés de toutes façons et qui ont contribué à faire de notre maison ce qu'elle est aujourd'hui. La liste en est trop longue pour que nous puissions les citer ici, mais que tous sachent bien que nous songeons à eux et que nous leur gardons à tous un souvenir reconnaissant.

TÉMOIGNAGES

A l'occasion du vingt-cinquième anniversaire de la fondation de notre Maison, nous avons reçu d'un certain nombre de savants français et étrangers des témoignages de l'amitié et de l'estime qu'ils veulent bien nous porter et dont nous sommes vivement heureux de pouvoir reproduire ici les passages essentiels.

De M. Paolo d'Ancôna, *professeur à l'Université de Milan.*

Dell'opera di Editore del Signor G. Van Oest rende testimonianza questo catalogo. Esso ci dice a che possa condurre una attività editoriale perseguita per un quarto di secolo con intelligente entusiasmo, con ferma fede, con coscienza sicura di compiere una missione. Perchè proprio in questo si distingue la figura morale del Signor G. Van Oest da quella di molti suoi confratelli, nell'essere cioè un grande idealista pur sapendosi mantenere nello stesso tempo un uomo d'affari. E da questa giusta contemperanza di queste due qualità, cosi rare a trovarsi riunite in una stessa persona, che deriva la meritata e crescente fortuna della Casa Van Oest, riconosciuta la prima del mondo in fatto di pubblicazioni artistiche. Io non ho sino ad ora avuto l'onore di conoscere personalmente il Signor G. Van Oest, ma ho avuto una lunga conversazione epistolare con lui a proposito di un mio libro pubblicato dalla sua Casa, e attraverso le sue lettere mi è sempre parso di udire la voce non già di un Editore, ma di un vero a proprio collaboratore. E per questo che anch'io con tutta amicizia e cordialità gli rivolgo quello stesso voto nel quale oggi si affratellano studiosi delle più diverse regioni : *Ad multos annos !*

PAOLO D'ANCÔNA.

(De l'œuvre d'éditeur de M. G. Van Oest, ce catalogue est un témoignage. Il nous dit qu'il a pu développer une activité éditrice poursuivie pendant un quart de siècle avec un intelligent enthousiasme, une foi ferme, une conscience certaine d'accomplir une mission. Car c'est justement en ceci que la personnalité morale de M. G. Van Oest se distingue de celle de beaucoup de ses confrères, dans le fait d'être un grand idéaliste, tout en étant en même temps un homme d'affaires. C'est du juste équilibre de ces deux qualités, si difficiles à trouver réunies dans une seule et même personne, que découle la fortune croissante et méritée de la maison Van Oest, reconnue comme la première du monde en fait de publications artistiques. Je n'ai pas encore eu, jusqu'à présent, l'honneur de connaître personnellement M. Van Oest, mais j'ai eu, avec lui, une longue conversation épistolaire à propos d'un de mes livres publié par sa maison, et, à travers ses lettres, j'ai toujours eu l'impression d'entendre, non pas la voix d'un éditeur, mais celle d'un vrai collaborateur. C'est pour cette raison que, moi aussi, en toute amitié et cordialité, je lui adresse ce même vœu que les intellectuels des pays les plus divers se réunissent pour lui adresser : *Ad multos annos !*)

De Sir THOMAS ARNOLD, C. I. E. Litt. D., *Fellow of the British Academy, Professor of Arabic in the University of London.*

Every student of art is under a debt of gratitude to the publishing house of M. G. Van Oest for the long series of valuable works printed by it during the last 25 years in a form so readily accessible but at the same time always maintaining a high standard of excellence. These volumes now form an essential part of every library devoted to works on art. Among others, the student of oriental art is especially indebted to M. Van Oest, in that he has rendered accessible reproductions of sculptures, bronzes and paintings, such as were to be found in no other publications. For this spirit of enterprise, for this enlightened zeal in the promotion of the study of art, and for the technical excellence which its publications always exhibit, this publishing house deserves the highest praise and fervent wishes for its continued prosperity in the future.

THOMAS W. ARNOLD.

(Tout étudiant d'art a une dette de gratitude envers la librairie G. Van Oest pour le grand nombre d'ouvrages de valeur imprimés par elle durant les vingt-cinq dernières années, et toujours maintenus, sous une forme facilement accessible, à un niveau extrêmement élevé. Ces volumes forment maintenant la plus grande partie de toute bibliothèque d'histoire de l'art. Une dette spéciale est due à M. G. Van Oest par les étudiants d'art oriental en ce qu'il leur a rendu accessibles des reproductions de sculptures, de bronzes et de peintures, telles qu'on n'en pouvait trouver dans aucune autre publication. Pour son esprit d'entreprise, pour son zèle à encourager l'étude de l'art, et pour l'excellence technique que montrent toujours ses publications, cette maison d'édition mérite les plus grandes louanges et nos vœux les plus ardents pour que sa prospérité continue dans l'avenir.)

De M. le Dr GEORG BIERMANN, *directeur du "Cicerone"*.

Jch begrüsse mit aufrichtiger Anteilnahme den Tag, an dem Herr Van Oest das fünfundzwanzigjährige Jubiläum seines berühmten Hauses feiert.

Als Begründer der *Monatshefte für Kunstwissenschaft*, die seit 1923 als *Jahrbuch für Kunstwissenschaft* unter der Leitung von Herrn Ministerialrat Dr. Gall erscheinen, und des *Cicerone*, habe ich persönlich über 20 Jahre lang in den lebendigsten Beziehungen zu Jhrem Verlag gestanden, die nur einmal vorübergehend durch den Krieg unterbrochen wurden. Durch die mehr als 20 Jahrgänge meiner Zeitschriften geht der Name van Oest wie ein leuchtendes Band hindurch, denn in diesen mehr als 20 Jahrgängen sind Dutzende von sachkundigen Kritiken über die Bücher Jhres Verlages veröffentlicht, denen wenigstens zu einem Teil die starke Anteilnahme gerade der deutschen Kunstwissenschaft an Jhrer verlegerischen Arbeit gedankt werden darf.

Um es kurz zu sagen, es gibt nur wenige Häuser in Europa, die sich heute hinsichtlich der Qualität ihrer verlegerischen Arbeit mit dem Hause Van Oest noch messen können, und ich glaube, es gibt keines, das eine ähnliche freudige Produktivität entfaltet hat, wie Sie es speziell in den letzten Jahren getan haben. Der Name Van Oest ist längst ein Signet für qualität und schöpferische Leistung auf unserem Gebiet geworden.

Jch begrüsse Jhren Jahrestag in aufrichtiger Sympathie und mit dem Wunsch, dass Jhrer wundervollen Arbeit der Erfolg weiter zur Seite stehen möchte.

GEORG BIERMANN.

(Je prends la part la plus vive aux fêtes du 25e anniversaire de la fondation de la célèbre maison de M. Van Oest et lui adresse mes sincères félicitations.

Comme fondateur des *Cahiers mensuels pour la Science des Arts* qui paraissent depuis 1923 sous la direction du conseiller au Ministère M. le docteur Gall, et constituent les annales de la Science des Arts, comme fondateur aussi du *Cicerone*, j'ai été personnellement pendant plus de vingt ans en relations très suivies avec votre maison d'éditions, relations qui ne furent interrompues qu'une seule fois, transitoirement, par la guerre.

Au travers des vingt années et plus de mes diverses revues, le nom de Van Oest se déroule comme une banderole éclatante, car durant ces vingt et quelques années, des douzaines de savantes critiques concernant les livres de vos éditions y sont publiées, critiques que l'on doit, du moins en partie, précisément au profond intérêt que la " Science des Arts " allemande témoigne à vos travaux d'édition. En un mot, il y a aujourd'hui bien peu de maisons en Europe qui, du point de vue de la qualité de leurs travaux d'édition, peuvent se mesurer encore avec la maison Van Oest, et je crois qu'il n'en existe point qui ait déployé aussi allègre production, en particulier pendant ces dernières années. Le nom de Van Oest est devenu depuis longtemps une marque de qualité et de production créatrice dans notre domaine.

A l'occasion de ce jubilé, je vous envoie ma plus cordiale sympathie et fais des vœux pour que le succès continue à couronner vos merveilleux travaux.)

De M. LAURENCE BINYON, *Keeper in the Department of Oriental Prints and Drawings in the British Museum.*

I have great pleasure in associating myself with those who have joined in felicitating Mr. Van Oest on the completion of a quarter of a century's activities as a publisher. To me, Mr. Van Oest is specially known for the great interest he has shown in Oriental Art. The series *Ars Asiatica* and kindred publications have been, and are, of the greatest service to students. Our great need, in this domain, is the publication of all available monuments and documents, so that full material for comparison may provide such a basis for study as students of European art enjoy. Here Mr. Van Oest, with admirable enterprise, has been a pioneer, ans has earned our cordial gratitude. This keen interest in the art art of the East does not prevent Mr. Van Oest from being a good European. Wherever beautiful things exist, of whatever nationality, his sensibility responds to them, and his interest takes an admirably practical form. Hence a wonderful series of books, in which the arts of all countries appear side by side.

LAURENCE BINYON.

(J'ai grand plaisir à me joindre à tous ceux qui se sont associés pour féliciter M. Van Oest de l'accomplissement d'un quart de siècle d'activité comme éditeur. M. Van Oest m'est particulièrement connu par l'intérêt qu'il a montré pour l'art d'Extrême-Orient. La collection *Ars Asiatica* et les autres ouvrages du même genre ont été, et sont toujours, de la plus grande utilité aux étudiants. Notre grand besoin, en cette matière, est la publication de tous les monuments et documents de façon à ce que tous les matériaux possibles de comparaison puissent fournir à l'étude une base aussi développée que la possèdent déjà ceux qui étudient les arts d'Europe. Pour ceci, M. Van Oest, avec son remarquable esprit d'entreprise, a beaucoup fait, et a ainsi mérité notre cordiale gratitude. Ce vif intérêt pour l'art d'Extrême-Orient n'empêche pas M. Van Oest d'être bon Européen. Où qu'il existe de belles choses, de quelque nationalité qu'elles soient, sa sensibilité y répond, et l'intérêt qu'il y prend se concrétise sous une forme admirablement pratique. De là, de merveilleuses collections d'ouvrages, dans lesquelles les arts de tous les pays sont étudiés parallèlement.)

De M. le Dʳ A. Bredius, *ancien directeur-adviseur du Musée Royal de la Haye.*

La maison Van Oest a rendu d'excellents services à l'étude de l'Art ancien, et surtout aux études de l'Art des Pays-Bas, de la Flandre et de l'Italie par ses nombreuses, magnifiques publications, parues pendant les 25 années fructueuses de son existence. Je lui envoie de tout cœur mes chaleureuses félicitations.

Docteur A. Bredius.

De M. Sanchez Cantón, *subdirector del Museo del Prado, Madrid.*

Es difícil opinar en pocas palabras sobre la labor de una casa editorial.

El elogio a la suma de lo publicado puede parecer formulario; la mención especial de algunos libros, expuesta a omisiones.

No creo que haya mejor alabanza de una librería que el catálogo de sus productos. Ante el índice de lo que una casa de larga historia publicó se experimenta la emoción de repasar la propia vida. Los títulos van evocando lo que aprendimos y lo que nos deleitó.

Las ediciones Van Oest llenan tanto espacio en los recuerdos personales de quien esto escribe, que su opinión sobre las series ingentes que ha sacado a luz estaría falta de objetividad, y sobrada de memorias íntimas de su formación juvenil que a nadie interesan.

J. F. Sanchez Cantón.

(Il est difficile de donner en quelques mots son opinion sur une maison d'édition.Louer dans son ensemble l'œuvre accomplie peut paraître une simple formule; la mention spéciale de quelques livres peut exposer à des omissions.

Rien ne plaide mieux en faveur d'une librairie que le catalogue de ses productions. En présence de l'ensemble des publications d'une importante et ancienne maison, on éprouve l'émotion de repasser sa propre vie. Les titres évoquent ce que nous apprîmes et ce qui fit nos délices.

La librairie Van Oest tient une telle place dans les souvenirs personnels de celui qui écrit, que son opinion sur les travaux importants qu'elle a publiés manquerait d'objectivité et serait remplie de souvenirs intimes de sa formation juvénile qui n'intéresseraient personne.)

De M. le Dr PAUL CLEMEN, *Professor an der Universität Bonn. Vorsitzender des Denkmalrates der Rheinprovinz. Vorsitzender des deutschen Tages für Denkmalpflege und Heimatschutz.*

Dem Verlag Van Oest verdankt die internationale Kunstwissenschaft eine ausserordentliche und ungewöhnliche Förderung, die kaum von einem anderen grossen Weltverlag erreicht wird. Die Veröffentlichungen aus den Gebieten der französischen und niederländischen Kunst, die zuerst zum Teil vom Zufall diktiert zu sein schienen, haben sich zu einem wohlüberlegten System der Kunstgeschichte und der Kulturgeschichte zusammengeschlossen, die ein glänzendes Gesamtbild der Entwicklung dieser beiden Länder gebracht haben. Um dieses mit Recht der Doppelheimat des Verlages zunächst gewidmete Arbeitsgebiet haben sich allerlei concentrische Ringe gelegt, die bis zum fernen Osten sogar hinausgreifen. Für das Ausland ist der klug und mit weiten Gesichtspunkten geleitete Verlag einer der besten und entscheidensten Werber für die französische und niederländische Kunst geworden — in dem grossen kunsthistorischen Institut der Universität Bonn fehlt kaum eine von seinen bedeutenden Kunstpublikationen. Dem Hause Van Oest möchte ich auch im Sinne des geistigen Austausches zwischen der romanischen Kultur and der der Nachbarländer, der heute in einer Zeit der Verwirrung notwendiger als je erscheint, ein weiteres fruchtbares Gedeihen wünschen.

Dr PAUL CLEMEN.

(Les Éditions Van Oest ont donné à la Science internationale des Arts une impulsion prodigieuse et inaccoutumée que nulle autre grande maison d'éditions mondiale ne semble avoir suscité au même degré.

Ses publications dans le domaine de l'art français et néerlandais, qui, au début, semblaient avoir été inspirées en partie par le hasard, se sont révélées être mûrement conçues, sur un plan méthodique qui combinait harmonieusement l'Histoire de l'Art et l'Histoire de la Civilisation, présentant ainsi une splendide vue d'ensemble sur le développement de ces deux pays. Autour de ce champ d'activité, consacré en premier lieu et à bon droit à la double patrie de la maison d'édition, se sont disposées différentes zones concentriques qui se propagent et gagnent même l'Extrême-Orient. Aux yeux de l'étranger, la Maison Van Oest, intelligemment dirigée, aux vues très larges, est devenue le meilleur et le plus déterminé pionnier de l'art français et néerlandais; je crois qu'il n'est aucune de ses importantes publications d'art qui ne figurent au grand Institut de l'Histoire de l'Art à l'Université de Bonn.

Aussi, dans l'intérêt des échanges intellectuels entre la culture romane et celle des pays voisins, qui, à l'époque de trouble actuelle, semblent plus que jamais indispensables, je souhaite à la maison Van Oest la continuation de sa féconde prospérité.)

De Sir MARTIN CONWAY, *director general, Imperial War Museum, South Kensington.*

I beg very cordially to congratulate the Van Oest firm on the completion of twenty-five years of beneficient activity. The richly illustrated works, which they have published, are a mine of material for students of art history. To have embarked on such a series of costly publications was a proof of the publisher's courage ; to have carried them through successfully has demonstrated their efficiency. I hope they may be able to continue their excellent work on the same lines for many years to come.   MARTIN CONWAY.

(Je suis heureux de féliciter la Librairie G. Van Oest de l'accomplissement de ses vingt-cinq années de féconde activité. Les ouvrages richement illustrés qu'elle a publiés sont une véritable mine pour tous ceux qui étudient l'histoire de l'art. C'est une preuve de la hardiesse de l'éditeur que d'avoir entrepris un tel plan de coûteuses publications; de les avoir réalisées avec succès en a démontré la nécessité. J'espère qu'il vous sera possible de continuer vos excellents travaux sur les mêmes données durant de longues années à venir.)

De M. ANANDA K. COOMARASWAMY, *Keeper of Indian, Persian and Muhammadan Art in the Museum of Fine Arts, Boston, U. S. A.*

... I take great pleasure in expressing my appreciation of the high scientific value as well as the admirable manner of production of the great series of volumes on the history of art which have been published by M. Van Oest during the last twenty-five years.

ANANDA K. COOMARASWAMY.

(... J'ai grand plaisir à dire combien j'apprécie la haute valeur scientifique, de même que l'admirable présentation de la grande collection de volumes sur l'histoire de l'art, publiés par M. Van Oest durant es vingt-cinq dernières années.)

De M. Jules Destrée, *ancien ministre des Sciences et des Arts de Belgique.*

La Belgique, petit pays partagé encore entre deux langues, est peu favorable à l'édition. Les grandes maisons de France ou de Hollande satisfont la plupart de nos besoins de lecture. Aussi, l'entreprise de Van Oest au début fut d'une belle hardiesse, et l'on ne saurait trop rendre hommage à son succès. Les qualités de l'homme le servirent; modeste et taiseux, opiniâtre comme ceux de sa race, il comprit que la spécialisation était l'un des moyens de réussir et il choisit l'art et l'histoire. Avec quel travail infatigable, quelles difficultés sans cesse surmontées, quelles angoisses parfois et quelle vaillance, on ne saurait trop le dire, il finit par s'imposer internationalement.

La rigoureuse probité scientifique, l'excellence technique des réalisations, la beauté des planches firent le reste et le bilan de ces vingt-cinq ans est à lui seul plus éloquent que de longues félicitations. *Exegi Monumentum...*

Jules Destrée.

De M. Louis Finot, *professeur au Collège de France, directeur de l'École Française d'Extrême-Orient.*

Vous me rappelez que votre maison touche à cet âge de 25 ans qui marque la maturité des personnes morales. C'est l'étape où l'on aime à s'arrêter un instant pour mesurer d'un côté le chemin parcouru et de l'autre la tâche future. Vous m'avez aidé naguère à célébrer cet anniversaire pour l'École Française par la publication d'un recueil qui l'a dignement solennisé. J'ai plaisir à vous envoyer aujourd'hui mes félicitations pour ce premier quart de siècle, si bien rempli, et mes vœux pour celui que vous attaquez avec la même allégresse.

Vous avez déjà semé par le monde, avec une infatigable activité, beaucoup de pages substantielles et de belles images. Il n'y a pas très longtemps que l'École Française a frappé à votre porte, et déjà ont paru sous votre marque plusieurs ouvrages qui tiennent une place honorable dans la bibliographie orientale : les *Études asiatiques* (1925), l'*Art khmèr primitif* (1927) et surtout les *Mémoires archéologiques*, dont le premier volume, édité en 1926, a conquis tous les suffrages par sa perfection typographique et la beauté de son illustration. Bientôt la grande monographie d'*Angkor Vat*, que vous préparez, continuera dignement cette série.

Hors de ces oasis artistiques, vous vous êtes laissé de bonne grâce entraîner dans les dunes de la philologie où ne pousse qu'une végétation épineuse et où les éditeurs d'art n'aiment guère à se risquer. Peut-être cependant est-ce là que vous avez rencontré la légende de Brahmâ qui, étant d'abord " un et sans second", désira devenir multiple. Cet exemple vous a paru bon à suivre pour assurer à votre œuvre la pérennité que ne comporte pas le cercle étroit de la vie individuelle. C'est ainsi que "G. Van Oest " est devenu "les Éditions Van Oest " et que, dans cet avatar, il s'est mis en marche pour une carrière illimitée. Je souhaite de tout cœur qu'il la parcoure pendant de longues années et toujours avec le titre d'éditeur de l'École Française d'Extrême-Orient.

L. FINOT.

De M. HENRI FOCILLON, *professeur à la Sorbonne.*

Depuis un quart de siècle, l'activité des Éditions Van Oest, sans cesse accrue en nombre et en intérêt, a rendu les plus grands services à nos études. Nous devons à l'homme éclairé qui les a fondées et qui les dirige beaucoup de publications essentielles, non seulement sur les arts occidentaux, mais sur les arts de l'univers. Elles nous ont rendu accessibles et familiers de nombreux monuments inédits ou lointains. L'ampleur de l'enquête contemporaine sur l'Asie, par exemple, a trouvé en elles un puissant moyen de diffusion et d'action. Elles se sont attachées à nous donner des manuscrits, des fresques, des reliefs, des statues, une série de reproductions dignes des originaux, par la fidélité et par le soin de l'exécution, par les dimensions mêmes. De l'édition des livres sur l'art, elles font œuvre d'art et matière scientifique à la fois, — et c'est sans doute

2

leur caractère propre. Il y a là un accord précieux pour l'intelligence.
Ce sens de l'universel, cet instinct réfléchi des nouveautés essentielles,
cette vigueur d'action, cette science de l'architecture du livre sont une
force pour notre temps.

HENRI FOCILLON.

De M. A. FOUCHER, *membre de l'Institut*.

Vous n'ignorez pas la haute estime dans laquelle je tiens l'œuvre
hardie et féconde de M. Van Oest, ni le gré particulier que je lui sais
d'avoir spontanément accueilli les publications de la Délégation archéologique française en Afghanistan. Mais, après une si longue absence en
Asie, je craindrais de ne pas rendre pleine justice à l'activité si variée de
votre Maison d'édition, et préfère contresigner la lettre que vous a
adressée, en pleine connaissance de cause, mon collaborateur et ami,
J. Hackin.

A. FOUCHER.

De M. le D^r MAX FRIEDLAENDER, *directeur de la Galerie de Peinture
Kaiser-Friedrich-Museum. Conservateur du Cabinet des Estampes au
Neuen Museum.*

Mit lebhafter Teilnahme und mit Bewunderung habe ich die uner-
müdliche Arbeit Ihres Hauses verfolgt. Die vielen vortrefflich ausgestal-
teten, mit hoher Sachkunde geschriebenen Publikationen uber neder-
ländische und französische Tafelmalerei und Miniaturmalerei habe ich
vielfach dankbar benutzt.

Der Dienst, den Sie damit dem Kunsthistorichen Studium geleistet
haben, ist umso höher anzuschlager und umso dankenswerter, als
geschäftliche Erfolze mit ernsten, gross angelegten Veroffentlichungen
nach meinen Erfahrungen in Deutschland, gegenwartig nicht leicht

zu erzielen sind, und ein grosses Mass von Geduld und wahrlichem
Interesse dazu gehoren in solcher Akivität nicht zu erlahmen.

D^r MAX FRIEDLAENDER.

(C'est avec une vive sympathie et une grande admiration que j'ai suivi l'activité infatigable de votre
Maison. J'ai consulté fréquemment et avec profit vos nombreuses publications si merveilleusement
présentées et rédigées avec la plus haute compétence sur la peinture néerlandaise et française : miniatures et tableaux.

La contribution que vous avez apportée de ce fait à l'étude de l'Histoire de l'Art est d'autant plus
estimable et digne de reconnaissance qu'actuellement il est loin d'être facile, si j'en juge par ce que je
vois en Allemagne, d'obtenir des résultats financiers en lançant des publications sérieuses d'une certaine envergure, et qu'il faut une énorme dose de patience et d'intérêt réel en la matière pour ne point
se décourager.)

De M. VICTOR GOLOUBEW, *membre de l'École Française d'Extrême-Orient,*
   directeur de la collection "Art Asiatica".

Il faudrait une longue et substantielle notice pour résumer, ne fût-ce
que très sommairement, ce que vous doit l'Histoire de l'Art. Il y a
un quart de siècle, vous mettiez la dernière main à un ouvrage
sur Pierre Breughel le Vieux qui fit sensation parmi les érudits
et les bibliophiles, et qui passe encore pour le modèle d'une publication
artistique de grande envergure. Depuis, vous n'avez cessé de collaborer
au mouvement esthétique de notre époque, en mettant à la portée du
grand public non seulement les chefs-d'œuvre du passé, mais aussi ceux
de l'art moderne. Ce bel effort a porté ses fruits. Vos livres sont répandus
et appréciés dans le monde entier. A aucun d'entre eux on ne saurait
adresser le reproche de ne pas répondre aux exigences d'une rigoureuse
critique scientifique ou de ne pas avoir été soigné au point de vue de sa
présentation. Vous avez toujours senti, avec une parfaite compréhension
de votre tâche, le rôle essentiel qui revient dans un livre d'art à la documentation par images. Vous n'avez hésité devant aucun risque, devant
aucun sacrifice matériel, uniquement guidé dans vos préoccupations
par le désir de bien faire. Aussi, les planches de vos publications font
autorité. On les consulte volontiers et toujours avec confiance ; on les
admire et on les cite souvent. Nombreux sont ceux d'entre mes collègues
dont les recherches s'appuient sur des documents édités par vos soins.

Le vingt-cinquième anniversaire de votre maison évoque dans ma pensée les vingt-trois ans de notre collaboration. Nous publiâmes d'abord les deux recueils d'esquisses du vieux maître Jacopo Bellini, père de Gentile et de Giovanni. Ensuite fut fondé *Ars Asiatica*, dont le premier volume, consacré à la peinture chinoise, parut en 1913. Un nouvel élément s'était ainsi introduit dans vos entreprises de grand éditeur, et un champ d'activité attrayant et encore peu défriché s'offrait à vous.

Les événements de 1914-1918 faillirent mettre fin à une œuvre à peine ébauchée, mais votre volonté et votre enthousiasme surent triompher de tous les obstacles de l'après-guerre, et en 1921 j'eus la joie de voir paraître les *Sculptures Çivaïtes*.

A l'heure qu'il est, votre maison compte parmi celles qui ont le plus contribué à la connaissance de l'art asiatique, et cela sans que vous ayez renoncé à la Renaissance et au Quattrocento, ni cessé d'aimer les vieux maîtres flamands, vos amis de la première heure, qui ont formé et conseillé votre goût. Si j'avais à composer l'enseigne des " Éditions Van Oest " je n'hésiterais certes pas à choisir en guise d'emblème l'une de ces hautes nefs que Memlinc a peintes sur la châsse de Sainte-Ursule, et je l'aurais représentée cinglant, toutes voiles dehors, vers P'eng-lai, l'Ile rayonnante des Immortels !

VICTOR GOLOUBEW.

De M. J. HACKIN, *conservateur du Musée Guimet.*

Les services que vous avez rendus à l'orientalisme se mesurent aisément; il est rare, en effet, qu'un ouvrage traitant des arts ou de l'archéologie de l'Inde et de l'Extrême-Orient ne cite, après l'avoir utilisée, telle où telle publication éditée par vos soins. Est-il besoin d'évoquer ici le succès si justement mérité des ouvrages publiés par Chavannes, Petrucci, Parmentier, Coedès dans *Ars Asiatica* qui recherche tout à la fois les suffrages des spécialistes et des amateurs. En éveillant, par delà le cercle limité des érudits, une attention sympathique, vous avez contribué à donner aux arts asiatiques la place qu'ils méritent, et, amenant à l'orientalisme des recrues de choix, vous avez provoqué un magnifique effort de propagande. C'est dire le mérite de vos courageuses initiatives ; courageuses elles l'étaient toutes ces initiatives que vous avez su prendre dans un temps où la réussite apparaissait comme incertaine. Votre persévérance et la foi agissante de votre ami Goloubew ont réalisé des merveilles.

J. HACKIN.

De M. GEORGE F. HILL, *Keeper of the Department of Coins and Medals in the British Museum.*

My personal contact, as an author, with M. Van Oest as publisher dates from a comparatively recent period. But, like all who are interested in the subject, I have long been an admirer, not merely of the great activity and enterprise which he has displayed during a quarter of a century, but also of the intelligence which has guided that enterprise in directions which all serious students of the history of art will approve. In these days, when so many worthless texts are printed, in the hope that the attractiveness of their illustrations will carry them off, it is comforting to know that the publications of M. Van Oest can usually be trusted to combine good scholarship with all the rest that goes to make a handsome book. Of M. Van Oest's geniality in his personal relations with those whose books he publishes it is not necessary to speak, since everyone who has had to do with him will bear witness to it. And all of us will hope that his beneficent activity will be prolonged for many years.

GEORGE F. HILL.

(Les relations d'auteur à éditeur que j'ai entretenues avec M. Van Oest sont de date relativement récente. Mais, comme tous ceux qu'intéresse la question, j'ai longtemps été l'admirateur non seulement de l'activité et de l'esprit d'entreprise qu'il a développés durant un quart de siècle, mais surtout de l'intelligence qui a dirigé sa Maison dans une voie que tout sérieux étudiant d'histoire de l'art approuvera. De nos jours, où l'on imprime tant de textes sans valeur, dans l'espoir que l'attrait de l'illustration qui les accompagne en soutiendra la vente, il est réconfortant de penser que les publications de M. Van Oest sont d'une façon générale sûres d'allier une science solide à tout ce qui crée la belle présentation d'un ouvrage. Il est inutile de parler de la façon d'être de M. Van Oest dans ses relations personnelles avec ceux dont il publie les ouvrages, puisque quiconque a eu affaire avec lui peut en porter témoignage. Et nous espérons tous que cette activité féconde se prolongera encore durant de longues années.)

De M. R. L. HOBSON, *Keeper of Ceramics and Ethnography in the British Museum.*

There is no question that M. G. Van Oest has deserved well of all students of Oriental art. His *Ars Asiatica* volumes alone comprise a series of important monographs. The subjects are for the most part of a kind not previously treated and they show a commendable enterprise which has been fully justified by the interest created.

The choice of authors was a happy one in every case, and ample and excellent illustrations give these admirable productions a real value for the student and collector.

R. L. HOBSON.

(Il n'y a aucun doute que M. G. Van Oest ait bien mérité de tous les étudiants de l'Art oriental. Ses volumes *Ars Asiatica* à eux seuls sont une réunion d'importantes monographies. Les sujets n'en avaient encore, pour la plupart, jamais été traités et ils formaient une entreprise à tenter, pleinement justifiée dans la suite par l'intérêt suscité.

Pour chacun de ces ouvrages, le choix de l'auteur a été heureux, et les nombreuses et excellentes illustrations de ces livres admirables sont, autant pour l'étudiant que pour le collectionneur, d'une réelle valeur.)

De M. CORN. HOFSTEDE DE GROOT, *ancien conservateur du Cabinet des Estampes du Rijksmuseum à Amsterdam.*

Bij het doorbladeren van Uw Catalogue général treft mij vooral de omvang als de veelzijdigheid van het terrein Uwer werkzaamheid alsmede de glans der namen van hen, die voor U gewerkt hebben. Ik zelf bezit en maak met vrucht gebruik van de meeste uitgaven op het gebied der Nederlandsche schilderkunst. Myn wensch bij Uw zilvere firma-feest luidt : *Vivant sequentes.*

CORN. HOFSTEDE DE GROOT.

(En parcourant votre Catalogue général, j'ai été surtout frappé par l'étendue et la variété du domaine sur lequel s'exerce votre activité, ainsi que par le prestige des auteurs de votre Maison. Je possède moi-même la plupart des ouvrages que vous avez publiés sur la peinture néerlandaise et les ai toujours consultés avec profit. Le souhait que m'inspire la commémoration des vingt-cinq années d'existence de votre maison est : *Vivant sequentes.*)

De M. G. Hulin de Loo, *professeur à l'Université de Gand, membre de l'Académie royale des Sciences, des Lettres et des Beaux-Arts de Belgique.*

C'est avec grand plaisir que je vous apporte mon témoignage au sujet des services signalés rendus à l'Histoire de l'Art par la maison Van Oest.

Dès son établissement à Bruxelles, M. G. Van Oest, secouant la torpeur du milieu, a fait preuve de la plus courageuse initiative. Grâce au talent d'organisation commerciale dont elle était doublée, celle-ci a bientôt connu un succès mérité. Depuis lors, son esprit d'entreprise éclairé et son activité ne se sont pas ralentis; ils ont abouti à la production de toute une bibliothèque d'histoire de l'art, dans laquelle l'illustration abondante et soignée a reçu la place qui lui revient.

J'ajouterai que l'inlassable patience et la courtoisie dont M. Van Oest a fait preuve à l'égard de ses auteurs, leur laisseront toujours un agréable souvenir.

Hulin de Loo.

De M. Raymond Koechlin, *président du Conseil des Musées nationaux.*

Au moment où vous allez célébrer le 25e anniversaire de votre Maison d'édition, je suis heureux de vous adresser mes félicitations et de vous dire la gratitude que doivent avoir pour vous tous ceux qui, en France, s'occupent d'Histoire de l'Art. Les éditeurs parisiens sont parfois un peu timides. Quand vous êtes venu parmi eux, une longue expérience acquise à Bruxelles vous avait appris la belle vertu de l'audace, et tout de suite vous avez entrepris ces grandes publications qui devaient faire l'honneur et la fortune de votre Maison. Ç'a été, pour le Moyen Age, les séries sur la Miniature en France, en Italie et en Angleterre et sur la Gravure; pour la Renaissance, les beaux livres sur Léonard de Vinci et sur les Portraits français du xvie siècle; vous avez contribué à la connaissance de l'Orient par cet admirable *Ars Asiatica*, qui n'a son pareil dans aucun pays. Et je pourrais citer bien d'autres ouvrages. De tels services sont remarquables : vous avez été utile et de bon exemple. Puissiez-vous poursuivre votre œuvre et réaliser dans un proche avenir tant de beaux projets que vous avez encore en tête !

RAYMOND KOECHLIN.

De M. N. J. KROM, *professeur à l'Université de Leyde.*

Het komt mij voor, dat de byzondere verdienste der uitgaven van M. Van Oest deze is, das zij op gelukkige wijze de eischen der wetenschap en der kunst combineeren. De waarde van het wetenschappeljk betoog wordt verhoogd door de voortreffelijke wijze, waarop het is geillustreerd, en de waarde van het platenmateriaal door de verklaring, welke het in den tekst vindt. Dit principe gedurende vijf en twintig jaar op zeer verschillend kunstgebied te hebben kunnen doorvoeren geeft M. Van Oest aanspraak op warme erkenteljkheid en gelukwensch van alle beoefenaars en beminnaars der kunst.

N. J. KROM.

(J'estime que le mérite particulier des éditions de la maison Van Oest réside dans le fait qu'elles combinent, de façon heureuse, les exigences de la Science et de l'Art. L'intérêt de la démonstration scientifique est augmenté par la façon parfaite dont elle est illustrée, de même que la valeur de l'illustration est rehaussée par les commentaires du texte. L'application constante de ce principe, dans des domaines très variés de l'Histoire de l'Art, pendant une période de vingt-cinq ans, donne à M. Van Oest un droit à la vive reconnaissance et aux félicitations de tous les praticiens et les amateurs de l'art.)

Du comte ALEXANDRE DE LABORDE, *membre de l'Institut.*

Il y a lieu de se joindre à ceux qui commémorent cette année le xxve anniversaire de la maison d'éditions de M. G. Van Oest. Cet éditeur, par son initiative intelligente et son entente persévérante des manifestations diverses de l'art, s'est efforcé de combler les lacunes que laisse encore cette branche de l'Histoire.

Que ce soient la peinture française, les miniatures byzantines et persanes, l'architecture indochinoise, la décoration subtile de la Chine, les estampes du monde japonais, ou les antiquités de l'Amérique, M. Van

Oest, aidé par d'excellents collaborateurs, a embrassé ces multiples formes de l'art. Le succès qui a accueilli la publication de ces ouvrages ne peut que faire présager l'éclosion de nouvelles études pleines d'intérêt.

Comte ALEXANDRE DE LABORDE.

De M. LANGDON WARNER, *professeur à l'Université de Harvard.*

Permit me to say on the twenty-fifth anniversary of the foundation of your house that we in America have the highest regard for your accomplishments in the past and look to you for future publications of similar distinction.

You have produced a remarkable treasury of important publications which have preserved a high standard of typography and illustration, and you have made accessible to the student of art a wealth of material not elsewhere available.

LANGDON WARNER.

(Permettez-moi de vous dire, en ce 25ᵉ anniversaire de la fondation de votre Maison, la haute estime en laquelle nous tenons, en Amérique, l'œuvre que vous avez déjà accomplie, ainsi que l'espérance que nous avons de vous voir continuer à publier des ouvrages de la même tenue.

C'est un véritable trésor que vous nous offrez avec vos importantes publications, dans lesquelles vous avez su conserver tant à la typographie qu'à l'illustration une présentation remarquable. Vous avez ainsi rendu accessible à qui veut faire des études d'art une ampleur de matières impossible à trouver ailleurs.)

De M. le Professeur VON LE COQ, *conservateur du Museum von Völkerkunde, Berlin.*

Ich freue mich dazu sagen zu können, dass Ihre Veröffentlichungen meines Erachtens grosses Lob verdienen.

Sie haben den Freunden Americas und Asiens die lange nicht genügend gewürdigte Kunst dieser Weltteile in meist mustergültigen Werken zugänglich gemacht, und durch eine mässige Preisstellung es ermöglicht, dass auch weniger Bemittelte sie erwerben konnten.

Dies ist ein grosses Verdienst, zu dem ich Ihnen nur meine Glück-
wünsche aussprechen kann, und ich hoffe, dass den schon veröffent-
lichten weitere Arbeiten ähnlichen Wertes folgen mögen.

VON LE COQ.

(Je suis heureux de pouvoir vous dire qu'à mon avis vos Éditions sont dignes des plus grands éloges.
Vous avez rendu accessible aux amis de l'Amérique et de l'Asie l'art longtemps trop peu apprécié
de ces continents, par des ouvrages classiques pour la plupart, et, grâce à la modicité de leur prix, vous
en avez permis l'acquisition même aux peu fortunés.

C'est là un très grand mérite pour lequel je ne puis que vous exprimer mes félicitations et j'espère
que les ouvrages déjà parus seront suivis par d'autres d'aussi grande valeur.)

De M. R. V. D. MAGOFFIN, *President Archaeological Institute of America,
Head Department of Classics, Nev York University.*

I have learned with much pleasure that you are preparing an illustrated catalogue of your publications to commemorate the twenty-fifth
anniversary of your publishing house.

I can not let such an occasion pass without offering you the congra-
tulations of the Archaeological Institute of America, as well as my personal compliments as its president, on the excellence of the material
which your house has published during these twenty-five years, and
also on the typographical beauty and splendor of format with which
you have graced the fine material itself which you have published. You
have indeed laurelled yourselves by your fidelity both to science and
art in publication.

R. V. D. MAGOFFIN.

(J'ai appris avec grand plaisir que vous prépariez un catalogue illustré de vos publications pour la
commémoration du 25ᵉ anniversaire de votre Maison.

Je ne voudrais pas laisser passer une telle occasion sans vous adresser toutes les félicitations de
l'Archaeological Institute of America, ainsi que mes compliments personnels en tant que Président de
cet Institut, sur l'excellence des travaux que votre Maison a publiés pendant ces vingt-cinq années
et aussi sur la beauté typographique et la présentation splendide que vous leur avez données. Vous
vous êtes vraiment distingué par votre fidélité simultanée à la science et à l'art dans l'édition.)

De M. ÉMILE MÂLE, *de l'Académie Française, directeur de l'École Française de Rome.*

Les historiens de l'art et les artistes ont été particulièrement frappés de l'activité de la maison Van Oest depuis la guerre. Dans ces années difficiles, où il y avait tout à craindre pour les nobles études et la culture désintéressée, elle n'a cessé de publier de beaux livres. Il faut la remercier de n'avoir pas désespéré de l'avenir et d'avoir cru que le grand art aurait toujours des fidèles ; car, on commence à le voir aujourd'hui, c'est elle qui a eu raison.

ÉMILE MÂLE.

De M. SERGE D'OLDENBOURG, *secrétaire perpétuel de l'Académie des Sciences de l'U. R. S. S.*

Les dernières dizaines d'années nous ont rapporté tant de nouveaux matériaux pour l'Histoire de l'Art oriental, que nous pouvons parler d'une ère nouvelle dans ce domaine scientifique. Mais plus on a de matériel plus on en veut encore pour pouvoir donner de plus larges généralisations. Et voilà que se pose la question si difficile surtout maintenant : il faut publier ces matériaux pour pouvoir travailler, et les travaux sur l'art exigent des photographies, des planches presque sans fin. Heureusement le spécialiste trouve des collaborateurs, des amis qui consentent, même avec un certain (souvent bien grand) risque, de publier ces précieux documents, dont le savant a tellement besoin. La Société des Éditions G. Van Oest a su bien vite se mettre au premier rang des éditeurs indispensables aux travaux sur l'Histoire de l'Art. Comme orientaliste, je voudrais surtout parler de ce qu'ils ont fait pour l'Orient. L'*Ars Asiatica* se trouve maintenant dans chaque bibliothèque qui s'intéresse à l'Orient. M. Goloubew, dont les belles connaissances et la superbe énergie sont bien connues, a pris ici l'initiative et il s'est adressé au maître, qui, hélas, n'est plus parmi nous, à M. Chavannes dont les précieuses notes, avec celles de M. Petrucci, ouvrent le premier volume de l'*Ars Asiatica*, consacré à la peinture chinoise. C'est M. Goloubew qui inaugure dans la même série la publication si longtemps attendue des célèbres fresques d'Ajanta. Et combien d'autres beaux travaux s'associent à ceux que nous venons d'indiquer.

A la peinture chinoise, que nous avons appris à connaître et à admirer, sont consacrés les volumes de M. Binyon et le travail de M. Sirén sur *les Peintures chinoises dans les collections américaines*. L'Indochine, l'Indonésie, la Chine, le Japon, la miniature persane sont dignement représentés dans les séries Van Oest. M. Ebersolt touche d'une façon si intéressante à la grande question d'Orient et d'Occident dans son livre sur les influences byzantines et orientales en France avant les croisades.

La belle "Bibliothèque d'Histoire de l'Art" est bien faite pour propager l'intérêt pour l'art, dont nous avons bien besoin.

Vingt-cinq ans seulement se sont écoulés depuis que la maison Van Oest a commencé ses importantes et belles publications, et nous avons déjà toute une petite bibliothèque d'ouvrages indispensables pour l'Histoire de l'Art. Ces ouvrages sont d'autant plus précieux que grâce aux nombreuses illustrations, ils sont si bien documentés, car c'est le document qui importe, c'est lui qui nous permet d'affirmer ou de nier. En fait d'art et d'appréciation des œuvres d'art, il faut en avoir vu beaucoup pour pouvoir bien juger, et comme il est impossible dans le courant de notre courte vie de voir tous les objets personnellement, nous avons toujours besoin et de l'*Ars Asiatica* et des autres beaux volumes des Éditions Van Oest.

S. D'OLDENBOURG.

De M. PAUL PELLIOT, *membre de l'Institut, professeur au Collège de France.*

La maison G. Van Oest a juste vingt-cinq ans d'existence; tous les amis des lettres et des arts se réjouiront de cet anniversaire et rendront hommage à celui dont le goût, l'initiative, la rectitude et la ponctualité ont su faire à sa Maison une place de premier rang longtemps avant qu'elle eût atteint, comme aujourd'hui, sa grande majorité.

Je n'ai ici à porter témoignage que pour le rôle joué par la maison Van Oest dans les études orientales, mais je puis affirmer que, là, le service rendu a été très grand. La magnifique série d'*Ars Asiatica* a conquis d'emblée tous les suffrages. Autour d'elle sont venues se grouper des œuvres qui, comme la *Sculpture chinoise*, de Sirén, nous ont donné un premier corpus de monuments chinois dont l'absence condamnait jusque-là les recherches à demeurer fragmentaires. Mais le souci d'exactitude historique et philologique s'affirme non moins que le sens artistique dans es entreprises de la maison Van Oest. Le *Champa* et l'*Indochine* de G. Maspero sont un signe de cette seconde orientation, et le contrat qui confie aux Éditions Van Oest toutes les publications de l'École française d'Extrême-Orient vient à point pour la consacrer et l'accentuer.

Souhaitons longue et prospère carrière à une Maison dont le passé est garant de l'avenir.

Paul Pelliot.

De M. F. Schmidt-Degener, *directeur du Rijksmuseum d'Amsterdam.*

... Pour M. Van Oest, c'est une vocation que d'être éditeur : voilà ce qui explique les résultats et le succès de cette heureuse, féconde et infatigable activité que depuis vingt-cinq ans nous admirons tous.

F. Schmidt-Degener.

De M. Elias Tormo, *professeur à l'Université de Madrid.*

Las publicaciones G. Van Oest, dan la impresion de conjunto, de uno de los mayores empeñas editoriales de Historia del Arte que se puedan concebir. Es una empresa editorial, con ademado aprovechamiento del gusto moderno del gran público por los libros de Arte antiguo, y parece sin embargo, su yá magnifica collección, el producto de una elaboración científica, doctirima y clarividente : si se pensara que se elabo-

raba por academias y universidades, todavia pareceria el producto lite-
rario, digno de merecidisimo encomio. Es una empresa de una sociedad
anónima, y logra la calificación legitima de ser una institución de cul-
tura, yá prestigiorisima y ya definitivamente asentada.

ELIAS TORMO.

(L'impression d'ensemble que donnent les publications Van Oest est celle d'un des plus grands efforts d'édition de l'histoire de l'Art qui se puisse concevoir. Ses méthodes se rencontrent aujourd'hui avec le goût du grand public pour les livres de l'art ancien, mais sa collection déjà magnifique résulte, cela se sent, d'une élaboration scientifique très docte et clairvoyante. Si l'on pensait qu'elle a été réalisée par des Académies et des Universités, elle paraîtrait encore un produit littéraire digne d'un éloge très mérité; or, c'est l'entreprise d'une société anonyme qui a réussi à obtenir le titre légitime d'institution de culture très prestigieuse et définitivement assise.)

De M. LEO VAN PUYVELDE, *professeur ordinaire à l'Université de Liége, conservateur en chef des Musées royaux des Beaux-Arts de Belgique.*

Je me plais à rendre hommage aux services inappréciables que
M. G. Van Oest a rendus, en Belgique, à la cause de la diffusion des connaissances artistiques.

L'activité de son esprit inventif, son audace sagement bridée, le besoin
d'initiatives qui le harcèle ont fait de lui un éditeur de premier ordre,
au moment où les historiens d'art ne trouvaient pas d'éditeurs chez
nous. Il a lancé collection sur collection, monographie sur monographie,
mémorial sur mémorial. Aucun mouvement d'admiration pour une
tendance ou un artiste ne se fit jour sans que M. G. Van Oest n'y consa-
crât un ouvrage, aucun grand artiste des anciens Pays-Bas ou de la
Belgique actuelle qui ne reçût les honneurs d'une [publication, aucune
manifestation artistique d'importance qui ne fût commémorée par une
édition de valeur. Toujours M. G. Van Oest était aux aguets pour satis-
faire aux désirs les plus vifs des érudits d'art, et ses éditions constituent
actuellement un compendium indispensable à ceux qui désirent connaître
l'art de nos contrées.

Mais je loue encore bien plus l'action efficace qu'eut M. G. Van Oest
sur les historiens d'art eux-mêmes. Voilà vingt-cinq ans que je l'ai vu au

travail. J'ai pu constater, à maintes reprises, qu'il a su découvrir les talents et susciter les initiatives. Il est parvenu souvent à pousser jusqu'à l'enthousiasme des velléités, qui ne se seraient pas réalisées sans lui. Il a été, parmi nous, un animateur, et, le jour où l'on écrira une étude sur l'historiographie de l'art flamand et belge, on devra consacrer un chapitre spécial à l'activité féconde de M. G. Van Oest.

Leo Van Puyvelde.

De M. Gustave Vanzype, *secrétaire perpétuel de l'Académie royale de langue et de littérature françaises à Bruxelles.*

Je garde le souvenir des premières années de l'entreprise de Gérard Van Oest comme on garde celui d'un prodige.

L'édition en Belgique se heurte à des difficultés presque insurmontables parce que le marché étranger, pour diverses raisons qu'il serait trop long d'exposer ici, lui est à peu près fermé. Aussi, quand Van Oest créa sa maison à Bruxelles et lança le beau livre de Hulin de Loo et Van Bastelaer sur Bruegel, en admirant ce livre, j'éprouvai une tristesse : celle de prévoir la défaite du jeune audacieux qui l'éditait. Je ne connaissais pas Van Oest. Je le connus un peu plus tard. Il avait donné encore plusieurs ouvrages très soignés. Il m'en demanda deux pour des collections commencées avec pour chacune un plan méthodique et sage. Je le vis plein de projets intéressants, mais aussi prudent que résolu à agir, à oser. J'eus la surprise de constater bientôt, par mon expérience personnelle, que les livres sortis de son officine atteignaient ce marché international qui, jusque-là, nous avait été inaccessible. Et j'eus la joie de voir se succéder des ouvrages consacrés à l'art belge et faisant connaître cet art à l'étranger, faisant connaître même nos artistes contemporains, si complètement ignorés.

Quand on travaille pour Van Oest, on devient inévitablement son ami : on est pris et par ses procédés loyaux et élégants, et par sa belle passion calme et tenace. Je suis donc devenu son ami; et j'ai pu, durant ces années, mesurer les difficultés dont il fut victorieux parce qu'elles le stimulaient. Je lui suis reconnaissant : il a rendu à l'art et à ceux qui lui consacrent des travaux des services que nul, en Belgique, n'ont osé attendre d'un éditeur ; pour moi, si j'ai pu écrire quelques livres à la gloire d'artistes que j'admire, c'est parce qu'il était là.

GUSTAVE VANZYPE.

De M. ADOLFO VENTURI, *Sénateur, directeur de l' "Arte"*.

Il Senatore Adolfo Venturi, plaudendo alle feconde iniziative della Casa libraria editrice G. Van Oest, si associa a quanti ne festeggiano il 25° anniversario della fondazione.

La storia dell'Arte medioevale è moderna è ancor nuova, e, come tutte le cose nuove, ha bisogno d'anima, di passione, di slanci, per la saldezza dei suoi fondamenti, per la diffusione dei suoi principii. E la Casa libraria G. Van Oest ha portato alla storia artistica il sussidio di una forte volontà, di sforzi insistenti, di mezzi superbi. Noi che siamo stati tante volte chiamati al gran convito librario nella Casa G. Van Oest, propiziamo oggi alla pregevole e magnifica collaboratrice.

A. VENTURI.

(Le sénateur Adolfo Venturi, applaudissant aux fécondes initiatives de la Maison d'éditions G. Van Oest, s'associe à ceux qui fêtent le 25e anniversaire de sa fondation.

L'Histoire de l'Art médiéval et moderne est encore à ses débuts et, comme toutes les choses jeunes, a besoin d'âme, de passion, d'élans, pour la solidité de ses bases, pour la diffusion de ses principes. La librairie G. Van Oest a apporté à l'histoire artistique le secours d'une volonté forte, d'efforts répétés, de moyens magnifiques. Nous, qui avons été tant de fois appelés aux grandes réunions du livre dans la Maison G. Van Oest, adressons aujourd'hui nos vœux à l'estimée et magnifique collaboratrice.)

CATALOGUE GÉNÉRAL

1ᴱᴿ JUILLET 1929

AVIS IMPORTANT

Des prospectus détaillés de nos dernières publications et des ouvrages en cours de publication ou de préparation seront envoyés franco sur demande.

I. — BEAUX-ARTS. HISTOIRE DE L'ART. ART ANCIEN

BIBLIOTHÈQUE D'HISTOIRE DE L'ART

Publiée sous la direction de M. Aug. MARGUILLIER.

Cette nouvelle collection, sœur rajeunie de l'ancienne *Bibliothèque de l'Enseignement des Beaux-Arts,* se propose de donner, comme elle, mais sous une forme plus moderne, plus ample et plus séduisante, une série de volumes où seront étudiées toutes les grandes écoles, ainsi que les plus intéressantes formes de l'art de tous les pays et dans tous les temps. Dirigée par M. Aug. MARGUILLIER, elle groupe, comme collaborateurs, les plus éminents historiens d'art français et étrangers, choisis parmi les spécialistes les plus qualifiés.

Volumes parus:

L'Art égyptien, par Charles BOREUX.

Les Arts musulmans, par Gaston MIGEON.

La Sculpture française du Moyen Age et de la Renaissance, par M. AUBERT.

La Peinture des vases grecs, par Georges NICOLE.

La Sculpture italienne, par Ch. MARCEL-REYMOND.

La Peinture hollandaise, par Mme BRIÈRE-MISME.

L'Art de l'Asie occidentale ancienne, par G. CONTENAU.

L'Art chrétien primitif et l'Art byzantin, par Ch. DIEHL.
La Peinture française du Moyen Age et de la Renaissance, par Louis GILLET.
L'Architecture italienne, par Gabriel ROUCHÈS.
La Peinture espagnole, par Pierre PARIS.
L'Architecture et la Sculpture en Belgique, par Marcel LAURENT.

Paraîtront prochainement dans la même collection :

L'Art égéen, par J. CHARBONNEAUX.
La Peinture italienne, par R. SCHNEIDER (2 volumes).
La Sculpture chinoise, par C. D'ARDENNE DE TIZAC.

D'autres volumes sont en préparation pour lesquels nous nous sommes assuré la collaboration de MM. J. ALAZARD, Émile DACIER, V. GOLOUBEW, René GROUSSET, L. HAUTECŒUR, R. LANTIER, A. MARGUILLIER, Paul VITRY, etc.

Cette collection formera un vaste répertoire résumant l'état actuel de nos connaissances sur l'art dans chaque pays, à toutes les époques, illustré de milliers de belles reproductions, qui sera indispensable aux bibliothèques publiques comme aux artistes et curieux et à toute personne cultivée.

Chaque volume, de belle présentation, au format in-4° coutonne (19 × 25 cm.), contient de 48 à 64 pages de texte et 64 planches hors texte en héliogravure.

Prix de chaque volume : 36 francs.

COLLECTION DES GRANDS ARTISTES DES PAYS-BAS

La collection des *Grands Artistes des Pays-Bas* vise à célébrer les anciens peintres, sculpteurs, architectes, ouvriers d'art des Flandres, de Wallonie et de Hollande. La rédaction de ces monographies est confiée à des écrivains que leur compétence spéciale, relativement à une époque, une école, désigne à l'effet de traiter le sujet d'une façon scientifique. Nous tenons néanmoins à ce qu'à l'érudition s'associe un goût des idées générales qui convienne à tous les gens de culture.

Volumes parus dans cette collection :

Les Néerlandais en Bourgogne, par Alph. GERMAIN.
La Sculpture anversoise aux XVe et XVIe siècles, par J. DE BOSSCHÈRE.
Gérard Terborch, par Frans HELLENS.
Roger Van der Weyden, par Paul LAFOND.
La Sculpture belge aux XVIIe et XVIIIe siècles, par H. ROUSSEAU.
Les Mostaert, par Sander PIERRON.
Lucas de Leyde, par N. BEETS.

Tête d'un des sphinx trouvés par Mariette dans le temple de Tanis.
Granit noir, XIIe dynastie.
C. Boreux. — *L'Art Egyptien. Pl. XXXI.*

Les Artistes wallons, par L. CLOQUET.

Pieter de Hooch, par A. DE RUDDER.

Ces diverses monographies comportent un catalogue de l'œuvre de chaque artiste étudié et une bibliographie du sujet.

Chaque volume, de format in-8°, contient de 120 à 140 pages de texte et environ 32 planches hors texte.

Le volume : 18 francs.

Quelques-uns de ces ouvrages sont fournis reliés en pleine toile.

Prix : 30 francs.

BIBLIOTHÈQUE DE L'ART DU XVIIIe SIÈCLE

L'ESTAMPE FRANÇAISE AU XVIIIe SIÈCLE. GRAVEURS ET MARCHANDS, par François COURBOIN, conservateur du Cabinet des Estampes de la Bibliothèque nationale. Ouvrage couronné par l'Institut. (Académie des Beaux-Arts. Prix Bordin, 1914.)

Un beau volume grand in-8° illustré de 59 belles planches hors texte en typogravure. *Épuisé.*

WATTEAU ET SON ÉCOLE, par Edmond PILON. Ouvrage couronné par l'Académie française. (Prix Charles Blanc, 1913.) *Deuxième édition, revue et corrigée.*

Dans ce volume, l'auteur nous donne une substantielle étude sur le grand maître Watteau, son œuvre, sa technique, ses origines et sa vie. Autour de Watteau vient se grouper toute une pléiade d'artistes français du xviiie siècle, que l'on peut considérer comme constituant l'école du grand Watteau : Lancret, Pater, Gillot, Claude Audran et Christophe Huet.

L'ouvrage forme un fort volume grand in-8°, de plus de 200 pages de texte, orné de 50 très belles planches hors texte en simili-héliogravure, d'après les œuvres les plus caractéristiques ou les moins connues de Watteau et des maîtres de son école.

Prix de l'ouvrage broché : 60 francs.

LE PORTRAIT EN FRANCE AU XVIIIe SIÈCLE, par L. DUMONT-WILDEN.

Cet ouvrage, consacré à l'art du portrait en France au xviiie siècle, traite essentiellement du grand et délicat La Tour, dont dix-sept œuvres, parmi lesquelles douze pastels du Musée de Saint-Quentin, sont reproduites en planches hors texte. Les portraits peints par Rigaud, Largillière,

Drouais, Nattier, Perronneau, Watteau, Chardin, Fragonard, etc., occupent également une place importante dans le texte et l'illustration de ce livre.

Le texte est suivi de notices sur les portraitistes du xviiie siècle, et chacune d'entre elles constitue une petite monographie de l'artiste, suivie d'une liste de ses portraits principaux et d'une biographie.

L'ouvrage forme un beau volume grand in-8º de 280 pages illustré de 50 planches hors texte.

Prix de l'ouvrage broché : 60 francs.

ÉDITION DE LUXE. — Il a été tiré 15 exemplaires de luxe, numérotés, sur papier de Hollande à la cuve Van Gelder.

Prix des exemplaires de luxe : 112 francs.

JEAN-BAPTISTE PERRONNEAU, SA VIE ET SON ŒUVRE, par Léandre VAILLAT et Paul RATOUIS DE LIMAY.

La première partie de ce volume est consacrée à la biographie du peintre, dont la carrière est suivie d'année en année; dans la seconde partie figurent le catalogue de son œuvre et la liste des expositions et des ventes où ses œuvres ont figuré.

Les auteurs ont ainsi contribué à mettre mieux en lumière la vie et l'œuvre d'un peintre qui doit être placé parmi les maîtres les plus admirables, les coloristes les plus surprenants du xviiie siècle et même de l'École française tout entière.

Un beau volume in-8º jésus (17,5 × 26 cm.) de plus de 250 pages de texte, illustré de 49 planches hors texte en hélioteinte, reproduisant 55 œuvres de Perronneau, *dont un grand nombre inédites,* ainsi qu'un portrait gravé du maître.

Prix de l'ouvrage broché : 60 francs.

NOUVELLE SÉRIE

Cette nouvelle série est formée d'ouvrages au format in-4º carré (22,5 × 29 cm.) illustrés de planches hors texte en héliotypie en deux teintes.

LA PEINTURE ANGLAISE DU XVIIIe SIÈCLE, par Gabriel MOUREY.

L'auteur s'est attaché à mettre en lumière les caractères dominants de chacun de ces artistes illustres dont la réunion en un si court espace de temps forme une phalange exceptionnellement brillante; en même temps il les place dans le milieu raffiné et brutal à la fois que constitue la Société anglaise du xviiie siècle.

L'ouvrage forme un volume in-4º carré (22,5 × 29 cm.) de 160 pages de texte, illustré de 56 planches hors texte en héliotypie en deux teintes reproduisant 80 peintures.

Prix de l'ouvrage broché : 150 francs.

Syracuse. Décadrachme d'argent, face et revers.

G. F. HILL. — *L'Art dans les monnaies grecques. Pl. XXVIII.*

ARTISTES ITALIENS D'AUJOURD'HUI ET D'AUTREFOIS

LES DEUX CANALETTO, par Guilio FERRARI, directeur du Musée d'Art Industriel de Rome.

Un beau volume in-8⁰, contenant une étude sur les deux admirables peintres vénitiens du xviiiᵉ siècle, le catalogue de leurs œuvres (tableaux et gravures) et 56 planches hors texte. *Épuisé.*

GIULIO ARISTIDE SARTORIO, PEINTRE ANIMALIER, par Louis SERRA, inspecteur des Galeries Royales de Venise.

Un beau volume in-8⁰, consacré à l'un des plus beaux peintres animaliers du xixᵉ siècle, contenant une étude et 50 planches hors texte, d'après ses œuvres les plus remarquables.

Prix de l'ouvrage broché: 25 francs.

En cours de publication :

LES RICHESSES D'ART DE LA FRANCE. Recueil de documents publiés sous le patronage du Ministère de l'Instruction publique et des Beaux-Arts, par Marcel AUBERT, Louis HAUTECŒUR, Louis RÉAU.

Nous nous sommes proposé de dresser dans ce recueil un inventaire du patrimoine artistique de la France. Notre publication passera successivement en revue *chaque province* par séries de volumes consacrés à l'*Architecture*, à la *Peinture* et à la *Sculpture*. Établi au format in-4⁰ jésus (28 × 38 cm.), chaque volume renfermera environ 80 planches hors texte et les notices correspondantes.

Nous publions actuellement les volumes consacrés à

LA BOURGOGNE

où vient de paraître :

LA PEINTURE, par Louis RÉAU, ancien directeur de l'Institut français de Saint-Pétersbourg.

Ce premier rameau de notre publication constitue un magnifique volume contenant, outre une ample introduction, la reproduction sur 72 planches hors texte de peintures empruntées aux Musées de Sens, Autun, Dijon, Mâcon, aux églises et aux châteaux d'Auxerre, Semur, Ancy-le-Franc, Joigny, des triptyques et des retables de Vitteaux, d'Autun, de l'Hospice de Beaune, des vitraux de Saint-Julien-du-Sault, de Saint-Florentin, des fresques de Tanlay, de Bagnot, de

Berzé-la-Ville, des tapisseries de Sens, de Beaune, etc. Les planches sont accompagnées des commentaires sagaces et précis de l'auteur.

L'ouvrage forme un beau et fort volume in-4º jésus (28 × 38 cm.), contenant, outre le texte, 72 planches hors texte en héliotypie.

Prix de l'ouvrage broché : 250 francs.

Seront ensuite complétées :

L'ARCHITECTURE, par Louis HAUTECŒUR.

Trois volumes in-4º jésus (28 × 38 cm.), contenant ensemble, outre le texte, environ 190 planches hors texte en héliotypie.

Les trois volumes brochés : 650 francs.

LA SCULPTURE, par Marcel AUBERT.

Trois volumes in-4º jésus (28 × 38 cm.), contenant ensemble, outre le texte, plus de 200 planches hors texte en héliotypie.

Les trois volumes brochés : 750 francs.

Avec ces volumes, la description de *LA BOURGOGNE* sera complète.

L'ART FLAMAND ET HOLLANDAIS. Revue mensuelle illustrée publiée sous la direction de M. P. BUSCHMANN (1904 à 1914).

La collection complète (années 1904 à 1914) forme 22 volumes au format in-4º carré (22 × 29 cm.), comprenant au total plus de 4.500 pages de texte, 1.000 planches hors texte et 2.000 reproductions dans le texte.

Collection complète en 22 volumes brochés : 750 francs.
Cartonnés pleine percaline : 1.200 francs.

Il existe des emboîtages pleine toile, fers spéciaux, pour le classement des fascicules séparés ; l'emboîtage : 10 francs.

Tirages spéciaux de " l'Art flamand hollandais ".

L'EXPOSITION DES PRIMITIFS FRANÇAIS A PARIS EN 1904, par Henry HYMANS.

Une brochure in-4º, 20 planches hors texte.

Prix : 10 francs.

L'EXPOSITION DE LA TOISON D'OR, par Henry HYMANS.

Une brochure in-4º, 20 planches.

Prix : 10 francs.

LES DINANDERIES AUX EXPOSITIONS DE DINANT ET DE MIDDELBOURG, par Jos. DESTRÉE.

Une brochure in-4°, 17 illustrations. *Épuisé.*

JEAN STEEN ET L'EXPOSITION DE SES ŒUVRES A LONDRES, par M. W. MARTIN.

Une brochure in-4°, 23 planches.

Prix : 10 francs.

L'EXPOSITION D'ART ANCIEN A GAND EN 1913. Une étude de Paul BERGMANS, illustrée de reproductions d'œuvres exposées.

Prix : 10 francs.

LA MINIATURE A L'EXPOSITION DE BRUXELLES EN 1912, par Paul LAMBOTTE.

Une brochure in-4° avec 60 *reproductions de portraits-miniatures.*

Prix : 10 francs.

(Voir aussi *Section d'Art moderne,* page 29 de ce catalogue.)

LES TRÉSORS DU CABINET DES ANTIQUES

LE CABINET DU ROI OU LE SALON LOUIS XV DE LA BIBLIOTHÈQUE NATIONALE, par Jean BABELON, conservateur adjoint du Cabinet des Médailles.

Cet ouvrage forme un beau volume in-4° raisin (25 × 32 5 cm.) de 40 pages de texte, illustré de 24 planches hors texte en héliotypie, représentant les peintures de *Boucher,* de *Vanloo,* de *Natoire,* les meubles, tables, médailliers, etc., du Cabinet du Roi.

Prix de l'ouvrage broché : 100 francs.

CHOIX DE BRONZES DE LA COLLECTION CAYLUS, par Jean BABELON.

L'ouvrage forme un beau volume in-4° raisin (25 × 32,5 cm.) qui contient, outre le texte,

24 planches admirablement tirées en héliotypie en deux tons, reproduisant 42 bronzes choisis parmi les pièces les plus intéressantes de la collection Caylus.

Prix de l'ouvrage broché : 100 francs.

CHOIX DE BRONZES ET DE TERRES CUITES DES COLLECTIONS DE JANZÉ ET OPPERMANN, par Jean BABELON.

L'ouvrage forme un beau volume in-4º raisin (25 × 32,5 cm.) contenant, outre le texte, 24 planches hors texte en héliotypie en deux teintes reproduisant 40 bronzes ou terres cuites empruntées aux deux célèbres collections.

Prix de l'ouvrage broché : 100 francs.

Nous publierons ensuite dans *Les Trésors du Cabinet des Antiques :*

Les Bustes. — Les Évangéliaires. — Les Terres cuites. — Les Pièces gravées. — Les Objets d'orfèvrerie. — Les Ivoires.

Chacune de ces séries comprendra un ou plusieurs fascicules au format in-4º raisin (25 × 32,5 cm. illustrés de 24 planches hors texte en héliotypie, accompagnées d'un texte historique et descriptif de M. J. Babelon.

CATALOGUES D'EXPOSITIONS D'ART

CATALOGUE DE L'EXPOSITION D'ART ANCIEN BRUXELLOIS (1905).

Un petit volume in-8º, contenant la liste et la description de toutes les œuvres exposées, tapisseries, retables sculptés, faïences des ateliers de Bruxelles. Orné de 4 planches hors texte.

Prix : 10 francs.

CATALOGUE DE L'EXPOSITION DE LA TOISON D'OR A BRUGES EN 1907.

Un volume petit in-8º, édition définitive, avec notes critiques de MM. POL DE MONT, R. P. VAN DEN GHEYN, baron VAN ZUYLEN VAN NYEVELT, PAPEJANS DE MORCHOVEN, A. DE WITTE, etc

Prix : 10 francs.

CATALOGUE DE L'ART BELGE AU XVIIᵉ SIÈCLE A L'EXPOSITION DU CINQUANTENAIRE A BRUXELLES EN 1910.

Prix : 10 francs.

Le Jugement dernier de Diest.
FIERENS-GEVAERT. — *Histoire de la Peinture Flamande. Tome I, pl. XXXI.*

CATALOGUE GÉNÉRAL DE LA SECTION DES BEAUX-ARTS A L'EXPOSITION DE CHARLEROI EN 1911.

Nombreuses notices soigneusement et abondamment documentées et plusieurs planches en photogravure reproduisant les œuvres anciennes et modernes les plus remarquables.

Prix : 10 francs.

RECUEIL DES CONFÉRENCES DE LA SECTION DES BEAUX-ARTS A L'EXPOSITION DE CHARLEROI EN 1911.

Ces conférences forment un cycle complet qui comprend l'architecture, la littérature, la gravure, les arts industriels et la musique.   *Épuisé.*

CATALOGUE GÉNÉRAL DE L'EXPOSITION DE LA MINIATURE A BRUXELLES EN 1912.

Prix : 10 francs.

CATALOGUE DE L'EXPOSITION D'ART ANCIEN DANS LES FLANDRES A GAND EN 1913.

Prix : 10 francs.

CATALOGUE DE L'EXPOSITION DE L'ART BELGE ANCIEN ET MODERNE A PARIS EN 1923.

Un volume in-4º couronne, illustré de 40 planches hors texte.

Prix : 15 francs.

CATALOGUE DE L'EXPOSITION DES PASTELS FRANÇAIS A PARIS EN 1927.

Un volume in-16 jésus, illustré de 16 planches hors texte en héliotypie en deux teintes.

Prix: 20 francs.

CATALOGUE DE L'EXPOSITION RÉTROSPECTIVE HENRI DE BRAEKELEER A PARIS EN 1928.

Un volume in-16 jésus, illustré de 16 planches hors texte en héliotypie en deux teintes.

Prix : 10 francs.

CATALOGUE DE L'EXPOSITION DES ARTS ANCIENS D'AMÉRIQUE A PARIS EN 1928.

Un volume in-16 jésus, illustré de 16 planches hors texte en héliotypie.

Prix : 10 francs.

CATALOGUE DE L'EXPOSITION DES PLUS BELLES RELIURES DE LA RÉUNION DES BIBLIOTHÈQUES NATIONALES A PARIS EN 1929.

Un volume in-4º couronne, illustré de 16 planche hors texte en héliotypie en deux teintes.

Prix : 15 francs.

ÉDITION DE LUXE. — Cent exemplaires numérotés sur papier d'Arches à la cuve.

Prix des exemplaires de luxe : 40 francs.

LES MUSÉES DE BELGIQUE

LA PEINTURE AU MUSÉE ANCIEN DE BRUXELLES, par FIERENS-GEVAERT, conservateur en chef du Musée royal des Beaux-Arts de Belgique.

Un beau volume in-4º (22,5 × 29 cm.) de 120 pages de texte et 162 planches hors texte, reproduisant les œuvres les plus marquantes et les plus caractéristiques des diverses écoles représentées au Musée ancien de Bruxelles.

Prix de l'ouvrage broché : 75 francs ; relié pleine toile : 95 francs.

LA PEINTURE ANCIENNE AU MUSÉE ROYAL DES BEAUX-ARTS D'ANVERS, par POL DE MONT, conservateur honoraire au Musée royal des Beaux-Arts d'Anvers.

Un beau volume in-4º (22,5 × 29 cm.) de 60 pages de texte et 99 planches hors texte, reproduisant les œuvres les plus marquantes et les plus caractéristiques des diverses écoles représentées au Musée d'Anvers.

Prix de l'ouvrage broché : 45 francs ; relié pleine toile : 65 francs.

LA PEINTURE A BRUGES, par FIERENS-GEVAERT, conservateur en chef du Musée royal des Beaux-Arts de Belgique.

L'ouvrage forme un beau volume in-4º (22,5 × 29 cm.) contenant 96 planches hors texte en typo-

Vézelay. L'Eglise de la Madeleine.
Le Narthex.
Les Richesses d'Art de la France. La Bourgogne. Architecture. — Pl. 17.

gravure, reproduisant les œuvres essentielles conservées à Bruges des Van Eyck, Van der Weyden, Dirc Bouts, Hugo Van der Goes, Memlinc, Gérard David, Bernard Van Orley, Pierre Pourbus, etc.

Prix de l'ouvrage broché : 60 francs, relié pleine toile : 80 francs.

L'ART DANS LES MONNAIES GRECQUES. Pièces choisies reproduites en agrandissement et décrites par George F. HILL, conservateur des monnaies et médailles au British Museum.

Appelé à rendre de grands services à tous ceux qui, sans être spécialisés dans la numismatique, sont amateurs d'art et curieux d'histoire, cet ouvrage forme un beau volume in-4° jésus (26,5 × 35 cm.), illustré de 64 planches hors texte en héliotypie en deux teintes, reproduisant 266 spécimens de monnaies grecques agrandis au diamètre triple de celui des pièces originales.

Prix de l'ouvrage broché : 300 francs.

(Voir édition anglaise *Select Greek*, p. 76 de ce catalogue.)

ORIENT ET OCCIDENT. Recherches sur les influences byzantines et orientales en France avant les croisades, par Jean EBERSOLT.

L'influence des arts orientaux sur l'art occidental s'est notamment manifestée depuis le IVe jusqu'au XIe siècle. C'est le résultat de longues et patientes recherches que M. Ebersolt expose dans le présent ouvrage, qui étudie les relations directes et indirectes que l'Occident a entretenues avec Byzance et les pays du Levant.

Cet ouvrage forme un beau volume in-4° carré (22,5 × 29 cm.) d'environ 120 pages de texte, illustré de figures dans le texte et de 26 planches hors texte en héliotypie.

Prix de l'ouvrage broché : 100 francs.

HISTOIRE DE LA PEINTURE FRANÇAISE, par Louis DIMIER, docteur ès lettres, agrégé de l'Université, et Louis RÉAU, docteur ès lettres, ancien directeur de l'Institut français à Saint-Pétersbourg.

Cet ouvrage est le seul existant à ce jour, important et définitif, consacré à la peinture française depuis les origines (1300) jusqu'à la fin du XVIIIe siècle. L'ouvrage est divisé en trois parties et comprend cinq volumes :

Première partie : *Moyen Age et Renaissance*, par Louis DIMIER. Un volume.

Deuxième partie : *Le XVIIe siècle*, par Louis DIMIER. Deux volumes.

Troisième partie : *Le XVIIIe siècle*, par Louis RÉAU. Deux volumes.

Chaque volume de format in-4° raisin (25 × 32,5 cm.) comporte de 100 à 120 pages de texte imprimé sur un beau papier d'alfa et 64 planches hors texte en héliogravure et en héliotypie, soit un ensemble de 320 planches hors texte reproduisant plus de 400 chefs-d'œuvre de la peinture française de 1300 à 1790.

L'ouvrage complet en 5 volumes : broché, 480 francs,
relié pleine toile : 680 francs.
On peut se procurer séparément chacune des trois parties, au prix de
110 francs le volume broché ; relié pleine toile : 150 francs.

HISTOIRE DE LA PEINTURE FLAMANDE DES ORIGINES A LA FIN DU XVe SIÈCLE, par FIERENS-GEVAERT.

Cet ouvrage comprend en trois volumes in-4° raisin (25 × 32,5 cm.), contenant ensemble environ 350 pages de texte et 229 planches hors texte en typogravure, reproduisant environ 350 chefs-d'œuvre des primitifs flamands conservés dans les musées, les églises et les collections particulières du monde entier. Cette *Histoire de la Peinture flamande* comblera une réelle et grave lacune, car à l'heure actuelle il n'existe en français aucun ouvrage d'ensemble sur l'école primitive néerlandaise (flamands et hollandais) de peinture; on pourra tenir ce travail pour une nouvelle édition considérablement augmentée et améliorée, tant de la *Renaissance septentrionale* que des *Primitifs flamands*, du même auteur, que nous avions publiés précédemment et qui sont complètement épuisés depuis plusieurs années.

Prix de l'ouvrage complet (3 volumes), en souscription : 420 francs.

Chaque volume pris séparément : 180 francs.

TOME I.   — *Les Créateurs de l'Art flamand.*
TOME II .   — *Les Continuateurs des Van Eyck.*
TOME III.   — *La Maturité de l'Art flamand.*

LA RENAISSANCE SEPTENTRIONALE ET LES PREMIERS MAITRES DES FLANDRES, par FIERENS-GEVAERT.

Un beau volume grand in-8°, illustré de 106 reproductions, dont 24 planches hors texte.   *Épuisé.*

LA PEINTURE EN BELGIQUE. Musées, églises, collections, par FIERENS-GEVAERT. — LES PRIMITIFS FLAMANDS.   *Épuisé.*

L'ART MOSAN *depuis l'introduction du Christianisme jusqu'à la fin du* XVIIIe *siècle,* par Jules HELBIG et Joseph BRASSINNE.

Cette histoire de l'art dans le pays de la Meuse étudie, en rapport avec leur milieu, des maîtres peintres et graveurs, tels que les Van Eyck, Patenier, Lambert Lombard, Henri de Blès, Gérard Douffet, Damery, Bertholet, Flémalle, G. Carlier, Suavius, Natalis, Duvivier. L'orfèvrerie religieuse est représentée par des spécimens précieux empruntés aux châsses et aux reliquaires de Stavelot, de Visé, d'Amay, de Marbourg, aux travaux du frère Hugo d'Oignies, et à d'autres œuvres remarquables. Une part importante a été réservée à l'architecture mosane. L'auteur y étudie les origines et développement de l'architecture à Liége, Dinant, Tongres, Huy, etc. Enfin un certain nombre d'illustrations sont consacrées à la reproduction des œuvres les plus remarquables de la dinanderie, du mobilier, de la miniature et de l'art industriel.

L'Art mosan forme 2 beaux volumes grand in-4°, comprenant plus de 200 reproductions, dont 65 planches hors texte en héliogravure, héliotypie et typogravure, et un fac-similé de miniature en couleurs.

Prix de l'ouvrage complet en 2 volumes : 250 francs.

LA PEINTURE DÉCORATIVE RELIGIEUSE ET CIVILE EN BELGIQUE AUX SIÈCLES PASSÉS, par C. Tulpinck.

Cet album contient 24 planches en couleurs reproduisant 40 peintures décoratives des XIIIe, XIVe et XVe siècles, relevées dans nombre d'églises, de béguinages et d'autres monuments en Belgique.

Un bel album in-4° raisin (25 × 32,5 cm.) de 28 pages de texte, illustré de 24 planches hors texte en couleurs et de 8 reproductions dans le texte, en noir et en couleurs.

Prix de l'ouvrage : 75 francs.

LA PÉNÉTRATION FRANÇAISE EN FLANDRE. UNE ÉCOLE PRÉ-EYCKIENNE INCONNUE, par Louis Maeterlinck.

Cet ouvrage constitue une ébauche de l'histoire inconnue de l'École gantoise de peinture, qui fleurit au XIVe siècle et pendant la première moitié du XVe, jusques et y compris les frères Hubert et Jean Van Eyck.

L'ouvrage forme un beau et fort volume in-4° carré (22,5 × 29 cm.) de 140 pages de texte, illustré de 85 planches hors texte en typogravure reproduisant 130 tableaux, dessins, miniatures, sceaux, médailles, sculptures, etc.

Prix de l'ouvrage broché : 100 francs.

HUBERT ET JEAN VAN EYCK, par E. Durand-Gréville.

Un beau volume in-4°, comprenant environ 80 planches hors texte.   *Épuisé.*

DIEU LE PÈRE FIGURE-T-IL SUR LE RETABLE DE L'AGNEAU MYSTIQUE ?, par le chanoine Van den Gheyn.

Une brochure in-8°.

Prix : 4 francs.

L'EXPOSITION VAN EYCK-BOUTS A BRUXELLES EN 1920. LES RETABLES DE L'AGNEAU MYSTIQUE ET DU SAINT SACREMENT, par Fierens-Gevaert.

Pour la première fois depuis bien longtemps, les fameux retables peints des frères Van Eyck et de Dieric Bouts se sont trouvés intégralement reconstitués et furent exposés à Bruxelles en août-septembre 1920. C'est à l'occasion de cette exposition que nous avons consacré à ces deux chefs-d'œuvre de la peinture flamande la présente publication. L'étude de M. Fierens-Gevaert constitue une description extrêmement fouillée et lumineuse des deux retables. Ce texte est accompagné de 16 planches hors texte, reproduisant en 26 illustrations l'ensemble et les détails des retables exposés.

Un volume in-4⁰ raisin (25 × 32,5 cm.).

Prix broché : 25 francs.

Il a été tiré de cet ouvrage 100 exemplaires de luxe, sur papier de Hollande à la cuve Van Gelder Zonen, numérotés de 1 à 100.

Prix des exemplaires de luxe : 45 francs.

HUGO VAN DER GOES ET SON ŒUVRE, par Joseph Destrée, conservateur honoraire des Musées royaux du Cinquantenaire.

L'auteur décrit et étudie chacune des œuvres du maître flamand qui nous sont connues, sans négliger les copies qui révèlent des originaux perdus ou anéantis. Il montre l'influence que Hugo exerça sur les peintres et les enlumineurs de diverses écoles, et son texte est soutenu par de nombreuses reproductions de peintures, dont nombre sont peu connues ou mêmes inédites. Le fameux tableau découvert à Monforte et actuellement au Musée de Berlin y est longuement décrit et fait l'objet de plusieurs planches de l'ouvrage.

L'ouvrage forme un beau et fort volume, de format in-4⁰, de 240 pages de texte illustré de 85 planches hors texte, reproduisant en héliogravure, en héliotypie et en typogravure 102 sujets : tableaux (ensemble et détails), dessins, miniatures, tapisseries, copies de tableaux égarés du maître, œuvres de ses contemporains, de peintres influencés par son art, etc.

Prix de l'ouvrage broché : 150 francs.

LES DESSINS DE JACOPO BELLINI AU LOUVRE ET AU BRITISH MUSEUM, publiés par Victor Goloubew, avec introduction et texte descriptif.

Nous avons entrepris d'offrir aux amateurs d'art un fac-similé rigoureusement fidèle des fameux recueils de Paris et de Londres. Dessins à la pointe d'argent, dessins rehaussés à la plume, dessins au pinceau, etc., se trouvent scrupuleusement reproduits dans leur identité de tons et sur les fonds diversement colorés des originaux. Chaque planche est accompagnée d'un texte descriptif et d'annotations bibliographiques.

L'ouvrage comprend deux volumes grand in-4⁰, avec environ 300 planches fac-similés des dessins du Louvre et du British Museum.

Le papier a été spécialement cuvé pour l'édition, dans les manufactures royales de Heelsum (Hollande) et filigrané : Jacopo Bellini.

Cet ouvrage est publié en deux éditions :

Édition française, tirée à 350 exemplaires numérotés à la main.

Édition allemande, tirée à 250 exemplaires numérotés à la main.

Prix de l'ouvrage en deux volumes reliés ou en portefeuille : 1.200 francs.

Édition de grand luxe. — Il a été tiré de l'édition française 15 exemplaires de grand luxe, numé-

N. Poussin. — Hercule et Cacus.

L. DIMIER. — *Histoire de la Peinture Française au XVIIᵉ siècle. Tome I, pl. XLIII.*

rotés, et de l'édition allemande 5 exemplaires de grand luxe, numérotés, en portefeuille, texte et planches imprimés sur papier Impérial du Japon.

Prix des exemplaires de grand luxe : 2.400 francs.

Une École primitive méconnue. NABUR MARTINS ou le MAITRE DE FLÉMALLE (*nouveaux documents*), par Louis MAETERLINCK, conservateur du Musée des Beaux-Arts de Gand.

Un volume in-8°, de 132 pages de texte et 55 illustrations dans le texte et hors texte.   *Épuisé.*

HIERONYMUS BOSCH, SON ART, SON INFLUENCE, SES DISCIPLES, par Paul LAFOND, conservateur du Musée de Pau.

L'œuvre de Bosch, si forte, si originale, si pittoresque, d'une inspiration si sincère, et qui a eu une influence aussi considérable qu'incontestée, avait déjà tenté la plume de plusieurs écrivains. Mais il n'existait pas sur ce maître un ouvrage d'ensemble, donnant, à côté de l'analyse de son œuvre et de l'étude de sa vie, de son milieu et de son époque, la reproduction de son œuvre variée et tourmentée. M. Paul Lafond a comblé cette lacune.

De notre côté, nous n'avons rien négligé pour assurer au texte de l'auteur le complément essentiel de l'illustration : 108 planches hors texte, exécutées en héliogravure et en héliotypie, reproduisent l'œuvre peint, dessiné et gravé de Jérôme Bosch, disséminé dans les Musées d'Europe et dans nombre de collections particulières.

L'ouvrage forme un beau et fort volume grand in-4° (26,5 × 36 cm.), imprimé texte et planches sur papier de Hollande à la cuve Van Gelder Zonen, spécialement cuvé à cette intention et filigrané *Hiéronymus Bosch.*

Le tirage est limité à 600 exemplaires, numérotés de 1 à 600.

Prix de l'ouvrage broché : 600 francs.

ÉDITION DE GRAND LUXE. — Il a été tiré de cet ouvrage 12 exemplaires de grand luxe, texte et planches sur papier impérial du Japon, numérotés de I à XII. Ces exemplaires sont nominatifs.

Prix des exemplaires de grand luxe : 1.200 francs.

LE GENRE SATIRIQUE, FANTASTIQUE ET LICENCIEUX DANS LA SCULPTURE FLAMANDE ET WALLONNE, par L. MAETERLINCK.

Dans cet ouvrage, qui fait suite au *Genre satirique dans la peinture flamande*, l'auteur s'applique surtout à rechercher, dans l'immense diversité des sujets, le but moral que poursuivaient les artistes. Son livre apporte une nouvelle et importante contribution à l'étude des mœurs médiévales, tant privées que publiques, et sera précieux pour tous ceux qu'intéresse le folklore de nos provinces.

L'ouvrage forme un volume in-8°, illustré de 8 planches hors texte et de 274 figures dans le texte.

Prix de l'ouvrage broché : 60 francs.

LES ARTS ANCIENS DE FLANDRE. Publication rédigée par un groupe d'érudits sous la direction de M. C. TULPINCK.

Cette publication prit naissance au cours de l'Exposition des Primitifs flamands à Bruges en 1902. Elle parut sans interruption jusqu'en 1914, par les soins de M. C. TULPINK, et avec la collaboration de nombreux érudits, parmi lesquels il convient de citer : MM. L. DIMIER, H. DURAND-GRÉVILLE, comte Paul DURRIEU, L. DE FARCY, FIERENS-GEVAERT, Paul LAFOND, F. DE MÉLY, H. PIRENNE, CORRADO RICCI, R. VAN BASTELAER, J. VAN DEN GHEYN, S. J., etc.

Les Arts anciens de Flandre forment 6 tomes de format grand in-folio, comportant 1.200 pages de texte avec 78 reproductions dans le texte et 240 planches hors texte. La publication contient un grand nombre d'études inédites sur les sujets les plus divers touchant l'art dans les anciens Pays-Bas : peinture, miniature, sculpture, architecture, tapisserie, gravure, etc., ainsi que de nombreux articles sur les grandes expositions d'art ancien organisées de 1903 à 1914 en Belgique et ailleurs.

Prix de l'ouvrage complet en 6 volumes : 480 francs.

Prière de ne pas confondre cette publication avec l'ouvrage *l'Art ancien dans les Flandres. Mémorial de l'Exposition d'art ancien à Gand en 1913,* par MM. J. CASIER et P. BERGMANS (voir p. 20 du catalogue).

FRÜHHOLLÄNDER (1450-1550). *Altholländer Gemälde in Erzbischöflichen Museum zu Utrecht.* LES PRIMITIFS HOLLANDAIS DE 1450-1550. *Tableaux primitifs hollandais au Musée archiépiscopal d'Utrecht,* par Franz DÜLBERG.

In-folio (33 × 48 cm.), 20 pages de texte et 25 planches hors texte en héliotypie.   *Épuisé.*

FRÜHHOLLÄNDER IN ITALIEN. *Les Primitifs hollandais en Italie,* par Franz DÜLBERG.

In-folio, 26 pages de texte et 45 planches en phototypie 33 × 48 cm.   *Épuisé.*

L'ART RELIGIEUX EN BELGIQUE. LA PEINTURE DES ORIGINES A LA FIN DU XVIIIe SIÈCLE, par Arnold GOFFIN.

Cet ouvrage, qui constitue une admirable histoire de la peinture flamande et wallonne depuis le XIVe siècle jusqu'à la fin du XVIIIe, forme un beau et fort volume in-4° raisin (25 × 32,5 cm.) d'environ 180 pages de texte, illustré de 112 planches hors texte en typogravure, reproduisant 166 chefs-d'œuvre de la peinture religieuse en Belgique pendant cinq siècles.

Prix de l'ouvrage broché : 180 francs ; cartonné : 225 francs.

ANTONIO MORO, par H. HYMANS, conservateur en chef honoraire de la Bibliothèque royale de Belgique.

Antonio Moro fut l'un des plus brillants portraitistes non seulement du XVIe siècle, mais de toutes

Léonard. — Un Condottière.
Dessin à la pointe d'argent.
O. Sirén. — *Léonard de Vinci. Pl. 141.*

les époques. Il exécuta les portraits de tous les grands de son époque : Philippe II, Marie Tudor, Marguerite de Parme, le duc d'Albe, Guillaume d'Orange, etc.

L'ouvrage forme un beau et fort volume in-4º, illustré de 56 planches hors texte en héliogravure et en héliotypie.

Prix de l'ouvrage broché : 150 francs.

Édition de luxe. — Il a été tiré de cet ouvrage 15 exemplaires de luxe, sur papier Impérial du Japon, numérotés de 1 à 15.

Prix des exemplaires de luxe : 300 francs.

LES ANCIENNES ÉCOLES DE PEINTURE DANS LES PALAIS ET COLLECTIONS PRIVÉES RUSSES.

Cet ouvrage a été publié au lendemain de l'Exposition organisée en 1909 à Pétrograd, exposition qui réunissait des œuvres inestimables, dues aux plus grands maîtres de toutes les écoles et qui se trouvaient dans des collections parfois inaccessibles. Environ 120 des plus beaux de ces tableaux se trouvent fidèlement reproduits.

Par la table des matières on pourra se rendre compte de la valeur critique de l'ouvrage qui comporte : une étude de M. P. Weiner sur les collections et collectionneurs russes; les Primitifs du Nord (Écoles flamande et allemande), par James A. Schmidt; les Écoles italienne et espagnole, par E. de Liphart; la Peinture hollandaise au xviiᵉ siècle, par le baron N. Wrangel; les Paysagistes hollandais, par A. Troubnikoff; la Peinture française, anglaise et italienne au xviiiᵉ siècle, par Alex. Benois; l'Art russe, par Serge Makowsky.

L'ouvrage forme un beau volume de format in-4º, illustré de 120 planches hors texte, tirées en héliogravure et en typogravure.

Prix de l'ouvrage broché : 200 francs.

JEAN GOSSART dit MABUSE, par Achille Segard.

La gloire de Mabuse a retrouvé aujourd'hui tout son éclat passé, grâce au fameux triptyque *Malvagna* de Palerme, un des chefs-d'œuvre les plus radieux de l'art flamand, grâce aussi aux éminentes qualités du portraitiste et du peintre de compositions religieuses et de figures mythologiques, chefs-d'œuvre dispersés dans les musées d'Europe et dans les collections particulières.

Une biographie soigneusement revisée, un catalogue méticuleusement dressé et des reproductions excellentes d'à peu près toutes les œuvres du maître, font du livre de M. Achille Segard l'ouvrage le plus complet paru jusqu'à ce jour sur Mabuse. Composé avec ordre, écrit avec élégance et avec clarté, ce livre intéressera vivement tous ceux qui étudient avec plaisir l'art flamand de la fin du moyen âge.

Un beau volume in-4º carré (22,5 × 29 cm.), de près de 200 pages de texte, illustré de 40 planches hors texte en héliotypie, reproduisant 43 œuvres du maître et, en outre, plusieurs détails de l'*Adoration des Mages* de Londres et du *Triptyque Malvagna* de Palerme.

Prix de l'ouvrage broché : 120 francs.

SAINT FRANÇOIS D'ASSISE DANS LA LÉGENDE ET DANS L'ART PRIMITIF ITALIEN, par Arnold Goffin.

Le volume de 140 pages in-8º est documenté par 30 illustrations hors texte.　　　　*Épuisé.*

L'ART AU NORD ET AU SUD DES ALPES A L'ÉPOQUE DE LA RENAISSANCE, par Jacques MESNIL.

Un beau volume petit in-4°, illustré de 60 planches hors texte en typogravure, reproduisant 77 œuvres choisies parmi les plus caractéristiques et parfois les moins connues de l'art flamand et italien aux xve et xvie siècles.

Prix du volume broché : 60 francs.

JACOPO DE BARBARI, *le Maître au Caducée,* par André DE HEVESY.

Dans une étude extrêmement fouillée, l'auteur, puisant aux sources mêmes, commente et analyse la vie et l'œuvre d'un artiste jusqu'ici resté quelque peu mystérieux. Dans la féconde et magique production de la peinture italienne, Jacopo de Barbari occupe une place prééminente, et son œuvre, si vivement appréciée de son vivant par un maître tel que Dürer, porte le sceau d'une distinction et d'une originalité puissante. Le texte de M. de Hevesy est suivi d'un excellent catalogue de l'œuvre du peintre et d'une substantielle bibliographie.

L'ouvrage forme un beau volume in-4° carré (22,5 × 29 cm.), illustré de 39 planches hors texte en héliotypie.

Prix de l'ouvrage broché : 75 francs.

PETER BRUEGEL L'ANCIEN, SON ŒUVRE ET SON TEMPS, par René VAN BASTELAER et Georges H. DE LOO.

Ouvrage capital sur le grand maître flamand du xvie siècle, tiré sur papier de Hollande à la cuve et contenant 105 planches hors texte.   *Épuisé*

HISTOIRE DE LA PEINTURE DE PORTRAIT EN FRANCE AU XVIe SIÈCLE, par Louis DIMIER, agrégé de l'Université, docteur ès lettres.

TOME I : *Histoire de la peinture de portrait en France au XVIe siècle.*

TOME II : *Catalogue raisonné et critique des originaux, classés par artistes, avec une monographie de chaque maître.*

TOME III : *Recensement des " recueils de seconde main " et des " galeries historiques ". Partie iconographique. Index. Tables.*

Ce travail auquel l'auteur, qui s'est spécialisé dans l'art français du xvie siècle, a consacré plus de vingt années de recherches et d'études, sera précieux autant pour l'histoire de l'art que pour l'iconographie en France au xvie siècle. L'ouvrage forme trois beaux volumes in-8° jésus (19 × 28 cm.) comprenant au total plus de 1.000 pages de texte et 56 planches hors texte en héliotypie en deux teintes, reproduisant 135 portraits peints et dessinés, dont beaucoup sont reproduits ici pour la première fois.

Un *addendum* relatif à *Douze crayons de François Quesnel* provenant de la collection Fontette est joint aux trois volumes de l'ouvrage. Il forme une brochure in-8° jésus (19 × 28 cm.) illustrée de planches hors texte en héliotypie.

L'ouvrage complet en 3 volumes et un addendum : 360 francs.

TAPISSERIES ET SCULPTURES BRUXELLOISES à l'Exposition d'Art ancien à Bruxelles en 1905, par Joseph DESTRÉE.

L'Exposition d'Art ancien à Bruxelles en 1905 permit l'examen, l'étude et la comparaison de certains chefs-d'œuvre de la sculpture brabançonne et de nombreuses tapisseries des ateliers de Bruxelles.

L'ouvrage est surtout précieux pour les amateurs de tapisseries. Il consacre 40 planches in-folio, dont 4 coloriées à la main, aux plus belles pièces des ateliers de Bruxelles, par ex. : *le Triomphe du Christ*, appartenant à M. Pierpont Morgan ; *la Présentation de Jésus-Christ au Temple*, à M. Martin-Leroy ; *l'Épisode de l'Histoire du jeune Tobie*, à la marquise Arconati-Visconti, et autres.

L'ouvrage forme un beau volume in-folio, comprenant 50 planches hors texte, dont 4 coloriées à la main.

Le tirage est limité à 400 exemplaires numérotés.

Prix de l'ouvrage : 300 francs.

Il a été tiré de cet ouvrage une édition de luxe comportant :

1 exemplaire sur parchemin. (Souscrit.)

5 exemplaires sur Japon numérotés de I à V. (Tous souscrits.)

20 exemplaires sur Hollande numérotés de 6 à 25.

Prix des exemplaires de luxe : 500 francs.

LES CHEFS-D'ŒUVRE DE L'ART ANCIEN à l'Exposition de la Toison d'Or à Bruges en 1907.

Un beau et fort volume in-4°, tiré à 500 exemplaires numérotés, sur papier de Hollande à la cuve, et contenant 103 planches hors texte.   *Épuisé.*

LES CHEFS-D'ŒUVRE DE L'ART FLAMAND à l'Exposition de la Toison d'Or à Bruges en 1907, étudiés par un groupe de savants, avec une préface de M. Henri PIRENNE.

La Peinture, par Sander PIERRON.

Manuscrits et Miniatures, par le P. VAN DEN GHEIN, S. J.

Les Tombeaux des princes de Bourgogne, par E. BAES.

Les Tapisseries, par Arnold GOFFIN.

La Médaille flamande, par F. ALVIN.

Portraits de Philippe le Beau et de Charles-Quint, par SANPERE Y MIGUEL.

Les Arts du bois et du métal, par C. TULPINCK.

Un beau et fort volume in-4° colombier (29 × 42 cm.), contenant 120 pages de texte et 25 planches hors texte, reproduisant 67 œuvres et objets exposés : tableaux, portraits, miniatures, tapisseries, médailles, armes et armures, etc.

Prix de l'ouvrage broché : 100 francs.

L'ART ANCIEN DANS LES FLANDRES. Mémorial de l'Exposition rétrospective organisée à Gand en 1913, par Joseph CASIER, président de la Commission des Monuments de Gand, et Paul BERGMANS, bibliothécaire en chef de l'Université de Gand.

Ouvrage documentaire de grand luxe consacré à l'admirable Exposition d'Art ancien organisée à Gand en 1913.

L'ouvrage comprend trois forts volumes in-4° raisin comportant ensemble 303 planches hors texte en héliotypie et plus de 500 pages de texte. Ces planches donnent la reproduction d'environ 450 des œuvres et objets exposés, accompagnée de notices et d'études.

TOME I : *Sculptures et mobilier.*

TOME II : *Orfèvrerie religieuse et civile, tapisseries et miniatures de manuscrits.*

TOME III : *Tableaux, dessins et gravures relatifs à la vie publique, religieuse, intellectuelle et privée, vues de nombreuses villes.*

Tirage limité à 550 exemplaires numérotés, sur papier de Hollande à la cuve des Papeteries Royales de Heelsum.

Prix de l'ouvrage complet en 3 volumes : 500 francs.

Il a été tiré 15 exemplaires de grand luxe sur papier Impérial du Japon, numérotés de I à XV.

Prix des exemplaires de luxe : 1.000 francs.

Prière de ne pas confondre cet ouvrage avec la publication
LES ARTS ANCIENS DE FLANDRE
(page 16 du Catalogue)

LA PEINTURE ANCIENNE à l'Exposition de l'Art belge à Paris en 1923, par Ernest VERLANT, inspecteur général des Beaux-Arts de Belgique.

On se rappelle l'éclatant succès de l'Exposition de l'Art belge à Paris en 1923, dont le présent ouvrage constitue le " Mémorial ". Cet ouvrage reproduit *toutes* les peintures anciennes représentées à cette exposition, chefs-d'œuvre de l'art flamand du XIV\e au XVII\e siècle.

L'ouvrage forme un beau volume in-4° jésus (26,5 × 36 cm.) de 120 pages de texte sur papier de Rives à la cuve et 60 planches hors texte admirablement tirées en héliotypie en deux teintes par Léon Marotte. A côté d'un certain nombre de chefs-d'œuvre de l'art flamand, restés inédits et que l'Exposition de 1923 a révélés au public, notre publication donne, pour la première fois, d'excellentes reproductions d'ensemble et de détails de monuments de la peinture flamande qui, jusqu'ici, n'avaient été reproduits que de façon très sommaire.

Prix de l'ouvrage broché : 250 francs.

ÉDITION DE LUXE. — Il a été tiré de cet ouvrage 25 exemplaires de luxe sur papier d'Arches à la cuve, numérotés de 1 à 25.

Prix des exemplaires de luxe : 560 francs.

Watteau. — Fêtes vénitiennes.
L. DIMIER. — *Les Peintres français du XVIIIe siècle. Tome I, pl. IV.*

LÉONARD DE VINCI. L'ARTISTE ET L'HOMME, par Osvald Sirén.

M. Osvald Sirén, le savant conservateur des peintures au Musée de Stockholm, a refondu dans cet ouvrage les travaux qu'il avait publiés en Suède et en Amérique et les cours sur Léonard de Vinci qu'il professa à l'Université de Stockholm.

Bien qu'il ait consacré à ce sujet de nombreuses années d'étude, M. Sirén n'a pas la prétention d'avoir donné de Léonard de Vinci un aperçu total : ce qui nous est parvenu de son œuvre n'en représente qu'une trop minime partie. Mais M. Sirén nous apporte dans le domaine de la critique technique assez d'éléments nouveaux et précieux et des vues d'ensemble d'une portée si générale, nous offre en un mot de la personnalité et de l'œuvre du grand Florentin un tableau suffisamment complet pour qu'en l'état actuel de nos connaissances nous puissions estimer qu'avec son livre la question léonardienne est provisoirement épuisée.

L'ouvrage complet, formé de 3 volumes in-4º raisin (25 × 32,5 cm.), comporte 200 pages de texte (1 volume) et 204 planches (2 volumes) admirablement tirées en héliotypie en deux teintes reproduisant 306 morceaux de détail ou ensembles : peintures, dessins, sculptures de Léonard de Vinci, de ses émules et de ses continuateurs.

Prix de l'ouvrage complet en 3 volumes : 650 francs.

PORTRAITS D'INFANTES (XVIᵉ siècle), par L. Roblot-Delondre.

Les portraits peints d'après les Infantes permettent de suivre pas à pas l'évolution de l'art hispano-portugais. Primitivement influencé par l'art flamand, cet art se dégage peu à peu de cette influence pour former une école de peintres de Cour essentiellement espagnole, qui arrivera à son apogée avec Vélasquez.

C'est l'étude artistique et documentaire de la peinture iconographique en Espagne au XVIᵉ siècle que l'auteur a entreprise dans ce travail. Mais par suite de la matière même traitée dans cet ouvrage, les *Portraits d'Infantes* donnent une vue d'ensemble sur l'art du portrait au XVIᵉ siècle dans les divers pays.

L'ouvrage forme un volume in-4º de plus de 200 pages de texte, illustré de 76 reproductions en planches hors texte tirées en héliogravure, en héliotypie et en hélioteinte.

Prix de l'ouvrage broché : 120 francs.

Édition de luxe. — Il a été tiré de cet ouvrage 25 exemplaires de luxe, sur papier Impérial du Japon, numérotés de 1 à 25.

Prix des exemplaires de luxe : 200 francs.

L'EXPOSITION DE LA MINIATURE A BRUXELLES EN 1912

Épuisé.

LE PEINTRE WALLON NICOLAS DE NEUFCHATEL DIT LU-CIDEL, par Louis Piérard.

Une brochure in-8º raisin, contenant 7 planches hors texte.

Épuisé.

TRÉSOR DE L'ART BELGE AU XVIIᵉ SIÈCLE. Mémorial de l'Exposition d'Art ancien à Bruxelles en 1910. *Épuisé.*

FRANS HALS, SA VIE ET SON ŒUVRE.

Un beau volume in-4°, comprenant 53 planches hors texte. *Épuisé.*

VERMEER DE DELFT, par Gustave VANZYPE, 3ᵉ édition, revue et corrigée.

Vermeer de Delft est le plus puissant, le plus investigateur et le plus loyal des réalistes de la réaliste école hollandaise du xvIIᵉ siècle. Le texte de M. Vanzype étudie l'œuvre de Vermeer de Delft dans son milieu. L'auteur a essayé de caractériser l'œuvre d'un très grand artiste, d'ébaucher le portrait d'une personnalité puissante, d'un maître hier encore méconnu. Le texte est suivi d'un catalogue de l'œuvre du maître mis à jour au mois de juin 1924, comportant des fac-similés de signatures. L'ouvrage est accompagné de 40 planches hors texte, reproduisant *toutes* les œuvres authentiquement attribuées au maître.

L'ouvrage forme un beau volume in-4° couronne (19 × 25 cm.), illustré de 40 planches hors texte en typogravure.

Prix de l'ouvrage broché : 40 francs.

PIERRE-PAUL RUBENS. L'HOMME ET L'ŒUVRE, par Gustave VANZYPE.

En dehors de quelques vastes travaux d'érudition, Rubens n'est actuellement célébré que dans de rares ouvrages de vulgarisation. C'est ce qui justifie la publication du présent volume. L'auteur, M. Gustave Vanzype, dont nous avons publié précédemment une forte étude sur VERMEER DE DELFT, s'est attaché à retracer la vie mouvementée de Rubens, à dégager le sens de l'évolution de son œuvre et à situer l'homme et l'artiste dans tous les milieux qu'il a traversés au cours d'une existence qui est un merveilleux roman. Le texte est suivi d'un répertoire des œuvres de Rubens conservées dans les musées, les églises et les grandes collections.

L'ouvrage forme un beau volume in-4° carré (22,5 × 29 cm.) d'environ 140 pages de texte imprimé sur beau papier d'alfa, illustré de 64 planches hors texte en héliotypie, reproduisant les œuvres les plus importantes en même temps que les plus caractéristiques de Rubens.

Prix de l'ouvrage broché : 100 francs.

RUBENS. *Génie occidental*, par Léon HENNEBICQ.

Une plaquette petit in-8°, contenant 14 reproductions hors texte.

Prix : 4 francs.

CORRESPONDANCE DE RUBENS ET DOCUMENTS ÉPISTOLAIRES CONCERNANT SA VIE ET SES ŒUVRES, publiés, traduits, annotés par Max ROOSES, conservateur du Musée

La Tour. — La Pouplinière.

E. Dacier et P. Ratouis de Limay. — *Pastels Français des XVIIᵉ et XVIIIᵉ siècles. Pl. XXXII.*

Plantin-Moretus, à Anvers, et Ch. RUELENS, conservateur des manuscrits à la Bibliothèque royale de Belgique, à Bruxelles.

Ouvrage complet en 6 volumes in-4º, comprenant de 400 à 500 pages chacun, illustrés de nombreux portraits et fac-similés de documents originaux.

Prix de l'ouvrage complet en 6 volumes : 750 francs.

BULLETIN-RUBENS.

Nous offrons en vente la collection complète du *Bulletin-Rubens*. Cette revue fut publiée de 1882 à 1909 par une Commission composée de spécialistes des études rubéniennes. De nombreux articles sur des tableaux qui ont passé en vente ou sur lesquels des découvertes ont été faites pendant ces vingt-cinq années, ont paru dans le *Bulletin-Rubens* et ont fait de ce recueil le complément indispensable de l'*Œuvre de Rubens*, par Max ROOSES, et de la *Correspondance de Rubens*, par le même auteur et par Ch. RUELENS. Le recueil complet comprend 5 volumes.

Prix du recueil complet en 5 volumes : 150 francs.

QUELQUES PEINTURES IDENTIFIÉES DE L'ÉPOQUE DE RUBENS, par Louis MAETERLINCK.

Une brochure in-4º, contenant 8 planches hors texte. *Épuisé.*

NICOLAS POUSSIN, PREMIER PEINTRE DU ROI (1594-1665). Suivi d'un catalogue raisonné et accompagné de la reproduction de 135 de ses tableaux et dessins, de deux portraits, d'autographes et autres documents, par Émile MAGNE.

L'ouvrage forme un beau et fort volume grand in-4º (26,5 × 36 cm.) et comprend 240 pages de texte et 118 planches hors texte, ainsi qu'un certain nombre de reproductions dans le texte. *Épuisé.*

PASTELS FRANÇAIS DES XVIIe ET XVIIIe SIÈCLES. Études et notices, par E. DACIER, conservateur adjoint à la Bibliothèque nationale, et P. RATOUIS DE LIMAY, archiviste au Ministère des Beaux-Arts.

L'admirable exposition de pastels français des XVIIe et XVIIIe siècles, organisée à Paris en 1927, s'est révélée comme l'une des manifestations artistiques les plus marquantes de ces dernières années et dont le succès dépassa même le souvenir de la triomphale exposition des *Cent Pastels* de 1908.

Notre publication reproduit l'ensemble des pastels exposés, œuvres de LA TOUR, de PERRONNEAU et de tous ces artistes subtils qui de Nanteuil à Prud'hon représentent l'histoire de cet art essentiellement français.

L'ouvrage forme un volume in-4º raisin (25 × 32,5 cm.) de 148 pages de texte sur papier vergé de Rives, illustré de 96 planches hors texte en héliotypie en deux teintes reproduisant 130 pastels.

Prix de l'ouvrage broché : 300 francs.

ÉDITION DE LUXE. — Il a été tiré de cet ouvrage 25 exemplaires de luxe sur papier d'Arches à la cuve numérotés de I à XXV.

Prix des exemplaires de luxe : 675 francs.

En cours de publication :

LES PEINTRES FRANÇAIS DU XVIIIᵉ SIÈCLE. *Histoire des vies et catalogue des Œuvres,* publié sous la direction de M. Louis DIMIER.

Cette publication considérable, qui comprendra 12 volumes, constitue un magnifique tableau d'ensemble de la peinture française au xviiiᵉ siècle et se présente comme l'aboutissement et la somme définitive des travaux que la critique française et internationale a consacrés depuis cinquante ans à cette période de notre histoire artistique.

Rédigée par les érudits les plus notoires et les spécialistes les plus distingués, dirigée par l'éminent historien d'art M. Louis DIMIER, cette publication, qui passera en revue *tous* les peintres français du xviiiᵉ siècle, en consacrant à chacun d'eux : 1º une substantielle étude objective; 2º un catalogue critique de toutes les œuvres originales; 3º une bibliographie, formera un instrument de travail *unique*, qui sera dorénavant indispensable à tous ceux qui s'occupent de l'art français au xviiiᵉ siècle : historiens et " scholars ", universités, musées et bibliothèques, collectionneurs et amateurs, experts et marchands de tableaux, etc.

L'ouvrage complet contiendra environ 200 monographies. Il formera 12 volumes in-4º carré (22,5 × 29 cm.) d'environ 400 pages de texte compact par volume; chaque volume sera illustré de 64 planches hors texte en héliotypie, reproduisant les œuvres les plus caractéristiques de chaque maître. L'ouvrage complet comprendra donc environ 5.000 pages de texte et 768 planches hors texte.

Le tome Iᵉʳ vient de paraître. Nous publierons, par la suite, un volume tous les dix mois environ, de sorte que l'ouvrage sera complet dans un délai approximatif de dix ans.

Prix actuel de l'ouvrage en souscription : 200 francs par volume.

La souscription engage pour l'ouvrage complet; les souscripteurs, à qui la faculté est offerte de payer chaque volume à sa réception, s'engagent à accepter et à payer successivement les 12 volumes de l'ouvrage.

CHARLES-NICOLAS COCHIN, *graveur et dessinateur,* par S. ROCHE-BLAVE, professeur honoraire à l'Université de Strasbourg.

La physionomie de COCHIN LE JEUNE, qui, graveur et dessinateur à la fois, produisit dans tous les genres des œuvres remarquables, compte parmi les plus attachantes et les plus caractéristiques de l'art du xviiiᵉ siècle.

M. ROCHEBLAVE a excellemment analysé son œuvre dans ce livre finement écrit et luxueusement illustré.

L'ouvrage forme un beau volume in-4º carré (22,5 × 29 cm.), de 116 pages de texte, imprimé sur papier d'alfa et illustré de 72 planches hors texte, dont 7 planches doubles en héliotypie.

Prix de l'ouvrage broché : 180 francs.

THÉODORE VERHAEGEN, *sculpteur malinois du XVIIIe siècle*, par Camille POUPEYE.

Une remarquable monographie de cet excellent sculpteur dont les œuvres décorent les églises de Malines, Termonde, Ninove et Lokeren.

Un volume in-8º de 112 pages de texte et 28 illustrations hors texte.

Prix : 10 francs.

LAURENT DELVAUX (1696-1778), par Georges WILLAME, préface de Jules DESTRÉE.

Laurent Delvaux est généralement connu comme l'auteur des chaires de Vérité de Nivelles et de Gand et de l'Hercule de l'escalier du Musée de Bruxelles. On sait moins bien que l'œuvre de Delvaux décore d'innombrables églises en Belgique : à Bruges, Bruxelles, Gand, Mellery, Namur, Nivelles, etc., et que même l'église de Westminster à Londres contient des mausolées sculptés par notre artiste. A côté de ces œuvres d'inspiration religieuse, Delvaux est l'auteur d'une ravissante et nombreuse série de terres cuites, de médaillons, de cartouches et d'amours joufflus. Son œuvre acquiert ainsi une réelle valeur décorative qui fera rechercher les nombreux exemples que nous donnons dans ce volume.

Le travail de M. Willame comporte une biographie de l'artiste et un catalogue raisonné de son œuvre. Nous y avons ajouté la reproduction en planches hors texte, en phototypie, de 60 œuvres de Laurent Delvaux choisies parmi les plus belles et les plus caractéristiques.

Un beau volume grand in-4º couronne (19 × 25 cm.).

Prix, broché : 30 francs.

ÉDITION DE LUXE. — Il a été tiré 25 exemplaires de luxe numérotés, sur papier Impérial du Japon

Prix des exemplaires de luxe : 75 francs.

LAURENT DELVAUX ET SES ÉLÈVES, par Marguerite DEVIGNE.

Un volume in-4º carré (22,5 × 29 cm.), comprenant, outre 60 pages de texte suivi de notes copieuses et d'un essai de catalogue de l'œuvre de Godecharle, 14 planches hors texte en similigravure.

Prix de l'ouvrage broché : 30 francs.

RÉPERTOIRE DES PEINTURES DATÉES, par Isabella ERRERA.

Le but de ce livre est de répertorier les peintures datées de toutes les écoles, depuis 1085 jusqu'en 1875, soit 40.700 numéros environ. Le plan adopté est le suivant : les matières sont réparties en colonnes, donnant la date de l'œuvre dans l'ordre chronologique, le pays d'origine du peintre, le nom de l'artiste, le sujet de la peinture, l'endroit où l'œuvre est conservée actuellement, les sources de toutes les indications précédentes.

Ce livre constitue un instrument de travail de premier ordre, fournissant, à côté de la date d'un nombre considérable de peintures, les renseignements les plus rigoureux sur les œuvres mêmes, sur leurs auteurs, sur les écoles et sur l'abondante bibliographie de ce vaste sujet. Ce sera l'ouvrage indispensable aux grandes bibliothèques publiques, aux universités, aux musées.

aux séminaires et instituts d'histoire de l'art, aux experts, aux collectionneurs et marchands de tableaux.

L'ouvrage forme deux forts volumes in-4º raisin (25 × 32,5 cm.) d'environ 450 pages chacun.

Prix de l'ouvrage complet en 2 volumes : 150 francs.

ALBUM DE L'ART BELGE ANCIEN ET MODERNE. Quarante planches hors texte précédées de notices, par L. BÉNÉDITE, E. VERLANT et FIERENS-GEVAERT.

Un beau volume in-4º couronne (19 × 25 cm.) de 60 pages de texte et 40 planches hors texte en typogravure, publié à l'occasion de l'Exposition de l'Art belge à Paris et contenant le catalogue de cette Exposition.

Prix broché : 15 francs.

CATALOGUE DE LA COLLECTION DE PEINTURES du baron JANSSEN, à Bruxelles, avec un avant-propos et des notices explicatives de W. MARTIN, directeur du Musée royal *Mauritshuis*, à la Haye.   *Épuisé.*

L'ART FLAMAND ET LA FRANCE, par Louis GILLET.

L'auteur donne en raccourci une histoire très fouillée des rapports artistiques entre la France et la Belgique, depuis le xvᵉ siècle jusqu'à nos jours, et montre les influences réciproques qui ont agi sur le développement de l'art des deux pays.
Une forte brochure in-8º, ornée de 8 planches hors texte.

Prix : 4 francs.

LA SCULPTURE WALLONNE, par Richard DUPIERREUX.

Ce livre constitue une histoire de la sculpture wallonne, depuis les origines jusqu'à nos jours, claire et simple, de lecture facile et expliquée par des images.
Un beau volume grand in-16 de 250 pages de texte, illustré de 24 planches hors texte.

Prix : 20 francs.

LA CORPORATION DES PEINTRES ET SCULPTEURS DE GAND. Matricules, Comptes et Documents (xvIᵉ-xvIIᵉ siècles) publiés et annotés par Victor VAN DER HAEGEN, archiviste de la ville de Gand.

Un volume in-8º.   *Épuisé.*

Le Maître de Mérode. — Nativité.
E. VERLANT. — *La Peinture ancienne à l'exposition d'Art belge à Paris en 1923. Pl. XV.*

L'ART AU CAUCASE, par J. MOURIER, 2e édition.

Un volume petit in-4º, illustré de 185 gravures.

Prix : 18 francs.

LES TRADITIONS TECHNIQUES DE LA PEINTURE MÉDIÉ-VALE, par G. LOUMYER.

Les traités techniques, leur filiation, leur histoire. Les origines et l'évolution des procédés de la peinture médiévale. — Matières colorantes utilisées en peinture au cours du moyen âge.
Un fort volume grand in-8º.

Prix de l'ouvrage broché : 25 francs.

L'OUTILLAGE ET LE MATÉRIEL DU PEINTRE DE L'ANTI-QUITÉ GRECQUE ET ROMAINE, par G. LOUMYER.

Ce travail complète le précédent. Dans ce nouveau travail, l'auteur étudie successivement l'outillage du peintre antique, les matières employées à recevoir la peinture, les matières colorantes dans l'antiquité et donne enfin une analyse des écrits et des auteurs techniques de la matière.
Un volume in-16 de 60 pages.

Prix : 5 francs.

II. — ART MODERNE

COLLECTION DES ARTISTES BELGES CONTEMPORAINS

Cette collection forme un monument merveilleux à la gloire de l'école belge contemporaine. Les tendances les plus diverses de l'art moderne s'y trouvent représentées sans parti pris. Les amateurs de tableaux et les critiques d'art y trouveront des renseignements précis et le répertoire de toutes les œuvres sorties de chaque atelier; les lettrés pourront se plaire au charme des commentaires et les bibliophiles trouver leur satisfaction dans la richesse des planches et la bonne présentation des volumes.

La plupart de ces monographies sont aujourd'hui épuisées; nous citons ci-dessous celles dont il nous reste encore quelques exemplaires :

ALBERT BAERTSOEN, par FIERENS-GEVAERT. *Épuisé.*

HENRI BONCQUET, par Sander PIERRON.

Prix broché : 45 francs.
Prix des exemplaires de luxe sur Japon impérial : 150 francs.

GUILLAUME CHARLIER, par Sander PIERRON.

Prix broché : 45 francs.
Prix des exemplaires de luxe sur Japon impérial : 150 francs.

ÉMILE CLAUS, par Camille LEMONNIER. *Épuisé.*

FRANS COURTENS, par Gustave VANZYPE. *Épuisé.*

JAMES ENSOR, par Émile VERHAEREN. *Épuisé.*

HENRI EVENEPOEL, par Paul LAMBOTTE.

Prix broché : 50 francs.

VICTOR GILSOUL, par Camille MAUCLAIR. *Épuisé.*

FERNAND KHNOPFF, par L. DUMONT-WILDEN. *Épuisé.*

Robert van der Weyden (d'après).
Saint Luc peignant la Vierge.
A. Goffin. — *La Peinture religieuse en Belgique. Pl. XXVI.*

EUGÈNE LAERMANS, par Gustave VANZYPE.   *Épuisé.*

VICTOR ROUSSEAU, par Maurice DES OMBIAUX.

Prix broché : 50 francs.
Prix des exemplaires de luxe sur Japon impérial : 150 francs.

QUATRE ARTISTES LIÉGEOIS (A. RASSENFOSSE — F. MARÉCHAL
— E. BERCHMANS — A. DONNAY), par Maurice DES OMBIAUX.
Épuisé.

TIRAGES SPÉCIAUX DE LA REVUE
" L'ART FLAMAND ET HOLLANDAIS "

EUGÈNE SMITS (1826-1912), par Paul LAMBOTTE.

Une brochure in-4°, 4 planches hors texte et 16 gravures dans le texte.

Prix : 8 francs.

HENRY VAN DE VELDE ET LE THÉATRE DES CHAMPS-
ÉLYSÉES, par J. MESNIL.

Une brochure in-4°, 11 gravures dans le texte.

Prix : 8 francs.

ALFRED STEVENS, par P. LAMBOTTE.

Une brochure in-4°, 23 illustrations.

Prix : 12 francs.

JULIEN DILLENS, par Arnold GOFFIN.

Une brochure in-4°, 17 planches.   *Épuisé.*

CH. VAN DER STAPPEN, par A. GOFFIN.

Une brochure in-4° avec 29 illustrations.

Prix : 8 francs.

LE SALON TRIENNAL DE BRUXELLES, 1914, deux études de Georges EEKHOUD et Arnold GOFFIN, illustrées de nombreuses reproductions d'œuvres exposées.

Prix : 8 francs.

L'ART FLAMAND ET HOLLANDAIS ANCIEN ET MODERNE.
Études et Documents.

Un volume in-4° (22 × 29 cm.) de 152 pages, illustré de 47 reproductions dans le texte et de 53 planches hors texte.   *Épuisé.*

(Voir aussi la section ART ANCIEN, *page 6 de ce catalogue.)*

L'ŒUVRE DE VINCENT VAN GOGH. *Catalogue raisonné,* par J.-B. DE LA FAILLE. Ouvrage accompagné de la reproduction de plus de 1.600 tableaux, dessins, aquarelles et lithographies du maître.

Cette œuvre magistrale, véritable monument élevé à la gloire d'un des maîtres incontestés de l'école impressionniste, donne pour la première fois le catalogue complet de toutes ses œuvres connues, rangées dans leur ordre chronologique, et minutieusement décrites ; chaque notice comporte, en outre, le nom des propriétaires successifs de l'œuvre, les galeries et les expositions où elle a figuré ; des indications biblio-iconographiques ; des références aux endroits de la correspondance de VINCENT où il traite de l'œuvre décrite.

Ce remarquable catalogue comprend quatre volumes :

TOME I : Catalogue raisonné des tableaux, précédé d'une notice biographique, et suivi d'un tableau de fac-similés de signatures de Vincent VAN GOGH.

TOME II : Reproductions des tableaux (823 reproductions sur 232 planches hors texte).

TOME III : Catalogue raisonné des aquarelles, des dessins et de son œuvre gravé.

TOME IV : Reproductions des aquarelles, des dessins et des lithographies (866 reproductions sur 213 planches hors texte).

L'ouvrage complet contient donc au total près de 1.700 numéros, avec la reproduction de toutes les œuvres décrites, en 4 volumes in-4° raisin (25 × 32,5 cm.), comprenant environ 450 pages de texte compact et près de 1.700 reproductions des tableaux, aquarelles, dessins, etc., du maître sur 445 planches hors texte en héliotypie.

Prix de l'ouvrage complet : 1.200 francs.

Le tirage est limité à 650 exemplaires sur papier d'alfa, exemplaires d'hommage compris.

JOSEPH BERNARD, 68 reproductions précédées d'une notice de R. CANTINELLI et du catalogue de l'œuvre sculpté de J. BERNARD.

Dans cet ouvrage se trouvent reproduits quelques-uns des plus beaux ensembles ou morceaux de sculptures exécutés par Joseph BERNARD entre 1880 et 1927 à l'aide de la taille directe qu'il employa exclusivement. Nous y avons joint des dessins, des aquarelles, des pointes sèches, où l'on saisira mieux encore peut-être que dans ses œuvres achevées l'entière pensée de l'artiste et l'essentiel de son art.

L'ouvrage forme un volume in-4º raisin (25 × 32,5 cm.), comportant, outre une notice sur Joseph BERNARD et le catalogue de son œuvre sculpté, 68 planches hors texte, dont 2 planches en couleurs, d'après des aquarelles, et 66 planches en héliotypie en deux teintes, reproduisant un nombre égal de sculptures, dessins, aquarelles, pointes sèches originales.

Prix du volume broché : 275 francs.

CARL MILLÈS, sculpteur suédois, par M. P.-VERNEUIL, Walther UNUS et Charles MARRIOTT.

Une étude s'imposait sur l'œuvre de ce grand sculpteur dont le nom jouit, non seulement dans les Pays Scandinaves, mais en Angleterre, en Allemagne, en Amérique, d'une renommée méritée. L'ouvrage annoncé ici forme deux beaux volumes in-4º carré (22,5 × 29,5 cm.). Le premier volume contient 170 pages de texte illustrées de 54 gravures; le tome II est formé de 128 planches hors texte tirées en héliogravure, reproduisant les plus belles œuvres de Carl Millès, notamment ses admirables fontaines monumentales et décoratives.

Prix de l'ouvrage complet en deux volumes : 500 francs.

HENRI DE BRAEKELEER, par Gustave VANZYPE, secrétaire perpétuel de l'Académie Royale de langue et de littérature françaises.

L'heure de la gloire définitive semble avoir enfin sonné pour Henri de Braekeleer. A l'*Exposition d'œuvres choisies de Maîtres belges*, organisée à Anvers en 1920, de Braekeleer est apparu comme l'un des plus grands peintres du siècle dernier, comme l'un des plus grands de tous les temps.

Il n'existait pas d'étude complète consacrée à Henri de Braekeleer. L'ouvrage de M. Gustave Vanzype est donc venu combler une lacune. L'auteur s'est attaché à donner plus qu'une minutieuse monographie de de Braekeleer. Il s'est efforcé de pénétrer la personnalité un peu mystérieuse de l'artiste, de la situer dans son milieu, de dégager les influences qu'il subit et de déterminer la place de son œuvre dans l'évolution de l'art au xixe siècle. Un essai de catalogue chronologique, qui compte près de 150 numéros, complète l'ouvrage.

Le livre contient en outre 67 reproductions de tableaux, d'aquarelles, de dessins et d'eaux-fortes de Henri de Braekeleer, merveilleuse collection de chefs-d'œuvre qui sera pour la plupart des lecteurs une grande révélation.

L'ouvrage forme un beau volume in-4º raisin (25 × 32,5 cm.) tiré à 550 exemplaires numérotés sur papier de Hollande à la cuve Van Gelder, et contient 66 planches hors texte en héliotypie en deux teintes, dont un portrait du maître et 67 reproductions de ses œuvres les plus caractéristiques.

Prix de l'ouvrage broché : 200 francs.

HENRI DE BRAEKELEER ET SON ŒUVRE, par Camille LEMONNIER.

Illustré d'un portrait du peintre et de quatre reproductions de ses eaux-fortes.   *Épuisé.*

CATALOGUE DE L'EXPOSITION RÉTROSPECTIVE HENRI DE BRAEKELEER A PARIS EN 1928.

Un volume in-16 jésus, illustré de 16 planches en héliotypie en deux teintes.

Prix : 10 francs.

JAMES ENSOR, par Grégoire LE ROY.

Le texte de M. Grégoire Le Roy, texte de pure critique, nerveux et substantiel, situe l'œuvre d'Ensor dans l'ensemble de l'effort artistique contemporain et nous donne une vision complète de l'artiste, de sa personnalité si mouvante et de son œuvre si complexe. Un catalogue chronologique de l'œuvre d'Ensor : toiles, dessins, esquisses, complète le texte de l'auteur.

L'ouvrage forme un beau et fort volume de format grand in-4° carré (23 × 30 cm.) de 200 pages de texte, contenant 79 planches hors texte, dont 2 planches en couleurs et 77 planches en héliotypie tirée en deux teintes, et environ 60 reproductions dans le texte.

Il a été tiré de cet ouvrage :

550 exemplaires, numérotés de 1 à 550, sur papier pur fil Lafuma.
55 exemplaires de grand luxe, sur papier d'Arches à la cuve, numérotés de I à LV, contenant deux eaux-fortes originales de James Ensor (*tous souscrits*).

Prix des exemplaires sur pur fil Lafuma : 200 francs.

AUGUSTE RODIN, L'HOMME ET L'ŒUVRE, par Judith CLADEL.

Un beau volume in-4° jésus, imprimé sur papier d'Arches à la cuve.   *Épuisé.*

ALFRED STEVENS ET SON ŒUVRE, par Camille LEMONNIER.

Un volume in-folio (36 × 48), tiré à 325 exemplaires numérotés.   *Épuisé.*

JOSEPH STEVENS. *Souvenirs anecdotiques*, par V. D'INGHUEM.

Une étude consacrée au beau peintre animalier belge, de format in-4° coquille, tirée à 200 exemplaires numérotés, accompagnée de 6 études inédites du maître reproduites à l'eau-forte, par Henry Lemaire.

Prix de l'ouvrage broché : 15 francs.

CARPEAUX INCONNU *ou la tradition recueillie*, par André MABILLE DE PONCHEVILLE.

On peut distinguer deux parties dans cet important travail. Celle qui précède et comprend *Ugolin* est une œuvre de caractère général et définitif, une biographie complète du sculpteur jusqu'à cette date. Ensuite l'auteur s'attache principalement aux œuvres exécutées à Valenciennes et aux rapports que Carpeaux, devenu célèbre, conserve avec ses concitoyens.

L'ouvrage forme un beau volume in-4°, de 336 pages de texte et 60 reproductions, œuvres iné-

A. Stevens. — Le modèle.
G. Vanzype. — *L'Art belge du XIXe siècle à Bruxelles. Pl. en regard p. 28.*

La Prière.
Granit de Bretagne taillé directement.
R. CANTINELLI. — *Joseph Bernard. Pl. XXV.*

Jean de Mandeville prenant congé du roi d'Angleterre Edouard II.
H. MARTIN. — *Les Joyaux de l'Enluminure à la Bibliothèque Nationale. Pl. 58.*

École de Hérat, fin du xvᵉ siècle.
Prisonnier Mongol.
Arménag bey Sakisian. — *La Miniature Persane du XIIᵉ au XVIIᵉ siècle. Pl. LVI.*

dites de Carpeaux en peinture, sculpture, eau-forte. Le tirage est limité à 500 exemplaires imprimés sur papier " Antique de luxe " en caractère " Old face " des fonderies Caslon.

Prix de l'ouvrage broché : 80 francs.

Il a été tiré à part :
50 exemplaires sur papier de Hollande à la cuve Van Gelder Zonen, numérotés de 1 à L.

Prix des exemplaires sur Hollande : 720 francs.

3 exemplaires sur papier Impérial du Japon.

Prix des exemplaires sur Japon : 1.350 francs.

Ces 53 exemplaires contiennent en hors texte 5 *eaux-fortes de Carpeaux tirées sur les cuivres originaux*

L'ÉCOLE BELGE DE PEINTURE (1830-1905), par Camille LEMON-NIER. *Épuisé.*

MÉMORIAL DE L'EXPOSITION RÉTROSPECTIVE ORGA-NISÉE A ANVERS EN 1920. ŒUVRES CHOISIES DE MAITRES BELGES, accompagné d'une étude de Paul BUSCHMANN.

L'Exposition rétrospective de l'Art belge contemporain (XIXe et commencement du XXe siècle) organisée à Anvers en 1920 fut des plus brillantes. Le *Mémorial* de cette Exposition, que nous annonçons ici, contient la reproduction de *toutes* les œuvres exposées, ainsi que le catalogue complet de l'Exposition, revisé et augmenté, et une étude critique par le secrétaire de la Commission organisatrice. Cette publication constitue donc un instrument d'étude de premier ordre, en même temps qu'une image bien vivante de l'histoire de l'art belge depuis cent ans. — L'ouvrage forme un fort volume in-4º, contenant 260 reproductions hors texte.

Prix de l'ouvrage broché : 100 francs.

L'ART BELGE DU XIXe SIÈCLE à l'Exposition Jubilaire du Cercle artistique et littéraire à Bruxelles en 1922, par Gustave VAN-ZYPE.

Cet ouvrage forme un beau et fort volume in-4º carré (22,5 × 29 cm.) d'environ 160 pages de texte, illustré de 102 planches hors texte en hélioteinte, d'après les œuvres les plus marquantes — peintures et sculptures — de l'Art belge du XIXe siècle, réunies à l'Exposition Jubilaire de novembre 1922.

Le texte de l'auteur, conçu sur un plan critique et historique, suivi de notices sur les principaux artistes belges du XIXe siècle, fait de cet ouvrage plus qu'un Mémorial de la brillante exposition du Cercle : un livre d'ensemble, méthodique et documentaire, sur l'Art belge du XIXe siècle qui manquait aux artistes et aux amateurs.

Prix de l'ouvrage broché : 120 francs ; relié pleine toile : 150 francs.

L'ART BELGE DU XIXe SIÈCLE à l'Exposition de Paris en 1923, par Gustave VANZYPE.

Cet ouvrage constitue le Mémorial de la section moderne à l'Exposition de l'Art belge organisée en mai-juillet 1923 dans les salles du Jeu de Paume à Paris. Il a été conçu et exécuté sur le même plan et au même format que l'ouvrage susmentionné, dont il forme le complément.

Un volume in-4° carré de 32 pages de texte et 32 planches hors texte en hélioteinte.

Prix de l'ouvrage broché : 36 francs.

ÉDITION DE LUXE. — Il a été tiré de cet ouvrage 60 exemplaires numérotés, sur papier de Hollande à la cuve Van Gelder Zonen.

Prix des exemplaires de luxe : 115 francs.

LES PEINTRES ANIMALIERS BELGES, par G. EEKHOUD.

L'ouvrage forme un beau volume in-8°, illustré de 40 planches hors texte en typogravure.   *Épuisé.*

LES PEINTRES DE PORTRAITS, par Paul LAMBOTTE.

Dans cet ouvrage, M. P. Lambotte s'occupe essentiellement des portraitistes belges du XIXe siècle: NAVEZ, PORTAELS, DE WINNE, A. STEVENS, AGNEESSENS, Em. WAUTERS, RICHIR, etc. Son étude, écrite d'une plume alerte, est suivie d'un catalogue des portraits peints par des artistes belges, depuis le début du XIXe siècle jusqu'à nos jours.

L'ouvrage forme un beau volume in-8° de 150 pages de texte, illustré de 53 planches hors texte en typogravure.

Prix de l'ouvrage broché : 25 francs.

LES PEINTRES DE RACES, par Marius-Ary LEBLOND.

L'ouvrage forme un beau volume, de format grand in-8°, contenant 28 reproductions hors texte et environ 85 reproductions dans le texte.

Prix de l'ouvrage broché : 25 francs ; cartonné : 36 francs.

Le Paysage et les Paysagistes : THÉODORE VERSTRAETE, par Lucien SOLVAY.

M. Lucien SOLVAY, dont le public suit le jugement avec confiance, a rédigé une étude des plus fouillées sur ce peintre et sur l'École belge des paysagistes.

Un beau volume in-4°, illustré de 18 très belles planches hors texte.

Prix de l'ouvrage broché : 25 francs.

THÉODORE T'SCHARNER.

Beau volume comportant 100 pages de texte et 50 reproductions hors texte admirablement exécutées en héliotypie.

Prix broché : 18 francs.

ALPHONSE ASSELBERG, par Gustave VANZYPE.

Une monographie de l'un des plus beaux paysagistes belges du xixᵉ siècle, suivie d'un catalogue de son œuvre et illustrée de 30 reproductions de ses tableaux en planches hors texte.

Un beau volume in-4° couronne (19 × 25 cm.).

Prix broché : 18 francs.

THOMAS VINÇOTTE, par Paul LAMBOTTE et Arnold GOFFIN.

Monographie d'un des plus grands sculpteurs contemporains de tous les pays, dans laquelle M. P. Lambotte étudie le statuaire et M. A. Goffin analyse les œuvres décoratives du maître. Ces études sont suivies d'un catalogue chronologique de l'œuvre de Thomas Vinçotte.

Un beau volume in-4°, illustré de 51 planches hors texte, reproduisant notamment les bustes de LL. MM. le roi Léopold II et le roi Albert, les groupes équestres du Château Royal d'Ardenne, les frontons du Palais Royal de Bruxelles, etc.

Prix de l'ouvrage broché : 50 francs.

ÉDITION DE LUXE. — Il a été tiré 100 exemplaires de luxe sur papier de Hollande.

Prix des exemplaires de luxe : 150 francs.

VALENTIN SÉROFF. *Étude sur sa vie et son œuvre*, par Marie KOVA-

LENSKY.

Tirage limité à 375 exemplaires, dont :

25 exemplaires sur papier impérial du Japon, numérotés de 1 à 25, au prix de 30 francs.

LETTRES D'ODILON REDON (1878-1916), avec une préface de Marius-Ary LEBLOND.

Pour reformer autour du nom d'Odilon Redon le cercle spirituel de ceux avec lesquels il a correspondu dans la vie, on a réuni ici des lettres adressées, de l'adolescence aux derniers jours, à celles et à ceux qu'il appelait ses amis. Ces lettres révèlent de quelle qualité fut la culture de cet artiste, qui a, pour ainsi dire, écrit ses mémoires, en se racontant dans sa correspondance, selon le jour et l'émotion.

Un beau volume in-8° raisin (16 × 25 cm.), illustré d'un portrait de Redon et orné de croquis du maître.

Prix de l'ouvrage broché : 18 francs.

ÉDITION DE LUXE. — Il a été tiré de cet ouvrage 110 exemplaires de luxe numérotés, sur velin d'Arches à la cuve. Ces exemplaires sont enrichis de *trois eaux-fortes originales d'Odilon Redon, dont une inédite.*

Prix des exemplaires de luxe : 180 francs.

PORTRAITS D'ARTISTES, par Sander PIERRON.

Un beau volume in-8°, orné de 20 portraits d'après les dessins de F. G. Lemmers.   *Épuisé·*

L'ART ET LA VIE EN BELGIQUE (1830-1905). Ouvrage orné de 23 planches hors texte et de 478 illustrations dans le texte.

Toutes les expressions de l'art et de la vie en Belgique, depuis 1830 jusqu'à la veille de la guerre, sont étudiées dans cet ouvrage par une élite d'écrivains et illustrées par une pléiade d'artistes : la peinture, la sculpture, la gravure, l'art monumental civil et religieux, l'art appliqué et l'art musical; les lettres belges d'expression française et flamande : la poésie, le roman, le théâtre, la presse, la critique et la bibliographie; la vie belge intime et publique; le folklore de Flandre et de Wallonie, les mœurs bruxelloises comme les coutumes wallonnes et flamandes.

L'ouvrage forme un beau et fort volume grand in-4⁰ (32 × 42 cm.) de 480 pages de texte sur beau papier, illustré de 478 illustrations dans le texte, *dont 384 en couleurs*, et de 23 planches hors texte, comprenant : 6 eaux-fortes *originales, dont 2 en couleurs*, 3 héliogravures tirées en taille-douce, 14 compositions diverses, la plupart en couleurs, d'après les dessins, tableaux, etc., de nos plus grands artistes.

Prix de l'ouvrage broché : 180 francs.

ÉDITION DE LUXE. — Il a été tiré de cet ouvrage 75 exemplaires de grand luxe sur papier spécial " King Edward ", numérotés de 1 à 75. Ces exemplaires contiennent une double suite des eaux-fortes et des héliogravures hors texte, l'une sur papier de Hollande, l'autre sur papier impérial du Japon.

Prix des exemplaires de luxe : 340 francs.

NOTRE PAYS. *La race et le milieu belges, les arts, les lettres et la vie belges.*

Notre maison vient de mener à bonne fin la publication de cet important ouvrage national. Elle peut présenter aujourd'hui au public les deux volumes de *Notre Pays*, avec, au sommaire, les noms suivants :

TOME I : *Avant-propos*, par A. BRAUN; *l'Esprit national*, par le baron DESCAMPS et M. BENOIDT; *l'Ame populaire*, par L. DUMONT-WILDEN, L. HENNEBICQ, E. NED, E. JOLY; *Mœurs publiques*, par H. CARTON DE WIART, Edm. PICARD, G. DES MAREZ, M. VAUTHIER; *les Sites*, par E. VERHAEREN, V. GILLE, J. D'ARDENNE, FIERENS-GEVAERT, F. VAN DEN BOSCH, Th. BRAUN, M. RENARD; *les Villes*, par F. MAHUTTE, E. DE BRUYN, C. BUYSSE, P. BERGMANS, A. ROUVEZ, L. DELATTRE; *la Maison*, par E. CATTIER, P. SAINTENOY.

TOME II : *les Beaux-Arts*, par Robert SAND, Camille LEMONNIER, Arnold GOFFIN, Henry HYMANS, Jules BRUNFAUT, L. CLOQUET, Octave MAUS, Maurice KUFFERATH; *les Lettres*, par Paul SPAAK, Arthur DAXHELET, Prosper VAN LANGENDONCK, Eugène GILBERT, Julius SABBE, Eugène STEVENS, Camille HUYSMANS, Herman DE BAETS, Henry MAUBEL, Jules LECLERCQ, Charles TARDIEU, Guillaume VERSPEYEN, Georges RENCY, Maurice WILMOTTE, A. BOGHAERT-VACHÉ; *la Vie belge* (vie intime, vie au dehors, folklore, légendes), par Marguerite VAN DE WIELE, Jean DOMINIQUE, Théo HANNON, Jacques JACQUIER, Paul ANDRÉ, Léopold COUROUBLE, Victor KINON, Oscar COLSON, Georges VIRRÈS, Georges EEKHOUD, Maurice DES OMBIAUX.

Chacune des 800 pages de l'ouvrage est illustrée spécialement avec le concours de nos peintres et dessinateurs, et les planches hors texte seules, toutes inédites et spécialement exécutées pour cet ouvrage, eaux-fortes en couleurs, de MM. CHARLET et RASSENFOSSE, eaux-fortes de S. A. R. Mme la comtesse DE FLANDRE, de MM. BAERTSOEN, BERCHMANS, HENS, LENAIN, etc., dessins de MM. CLAUS, KHNOPFF, MELLERY, etc., remboursent, et au delà, le prix de vente de l'ouvrage.

Ces deux tomes de plus de 400 pages chacun, grand in-4⁰ (42 × 32 cm.), comprenant chacun environ 400 illustrations en couleurs et en noir dans le texte, et plus de 20 planches hors texte, eaux-fortes, etc., constituent un ouvrage d'un luxe et d'une envergure exceptionnels. Et l'on a pu dire que cette publication est la plus somptueuse qui ait jamais paru en Belgique et destinée à faire date dans les fastes de l'édition.

Le caractère patriotique de cet ouvrage lui assure l'accès auprès de toutes les grandes familles du pays, tandis que son luxe impeccable le fera promptement rechercher par les bibliophiles du monde entier.

L'importance du prix de revient de pareil ouvrage, dont la réalisation n'a été possible qu'avec le patronage du Gouvernement, a obligé de maintenir un tirage restreint, presque entièrement épuisé aujourd'hui.

Prix de l'ouvrage complet en deux volumes : 360 francs.

III. — MINIATURE DE MANUSCRITS
GRAVURE. HISTOIRE DU LIVRE. DESSINS

LA MINIATURE BYZANTINE, par J. EBERSOLT, docteur ès lettres.

La miniature byzantine est une branche importante de l'art qui s'est développé dans le cadre du monde antique et oriental. Du IVe au XVe siècle, les miniaturistes grecs ont produit une série presque ininterrompue de peintures, dont le rayonnement s'explique non seulement par une abondante production, mais aussi par la valeur artistique des œuvres qui nous sont parvenues.

L'ouvrage que nous annonçons ici donne, pour la première fois, de façon approfondie, l'histoire de la miniature byzantine, ses origines, son évolution, ses attaches et son rayonnement.

L'ouvrage forme un beau volume in-4° jésus (26,5 × 36 cm.) de 128 pages de texte, illustré de 72 planches hors texte en héliotypie, reproduisant 140 miniatures choisies parmi les plus belles et les plus représentatives (sujets à figures et miniatures ornementales).

Prix de l'ouvrage broché : 480 francs.

Édition de luxe. — Il a été tiré de cet ouvrage 25 exemplaires de luxe, texte et planches sur papier d'Arches à la cuve, numérotés de 1 à 25.

Prix des exemplaires de luxe : 800 francs.

LES JOYAUX DE L'ENLUMINURE A LA BIBLIOTHÈQUE NATIONALE, par Henry MARTIN, administrateur honoraire de la Bibliothèque de l'Arsenal, avec un avant-propos du comte A. DE LABORDE, membre de l'Institut.

L'exposition du Moyen Age, organisée en février 1926 à la Bibliothèque nationale, a révélé au grand public l'abondance ignorée de nos inestimables trésors dans le domaine de l'enluminure. Pensant que le souvenir de cette exposition ne devait pas s'éteindre, nous avons voulu le perpétuer en publiant un ouvrage où les fervents de l'enluminure trouveront reproduits les plus beaux spécimens de peintures de manuscrits conservés à la Bibliothèque nationale. Les reproductions sont précédées d'une étude historique et de savantes notices de M. Henry MARTIN sur les miniatures reproduites.

L'ouvrage constitue un fort volume in-4° jésus (26,5 × 36 cm.) de 140 pages de texte, imprimé sur papier pur chiffon Lafuma, illustré de 102 planches hors texte, dont 2 planches en couleurs (héliochromie), et 100 planches en héliotypie, reproduisant au total 127 miniatures.

Prix de l'ouvrage broché : 480 francs.

Édition de luxe. — Il a été tiré de cet ouvrage 25 exemplaires de luxe sur papier d'Arches à la cuve, numérotés de 1 à 25.

Prix des exemplaires de luxe : 800 francs.

LA MINIATURE ANGLAISE DU Xe AU XIIIe SIÈCLE, par Eric G. MILLAR, bibliothécaire au département des manuscrits du British Museum.

Dans cet ouvrage, qui sera une véritable révélation pour tous ceux qui s'intéressent à l'art de la miniature de manuscrits, l'auteur retrace l'histoire de la miniature anglaise depuis sa première renaissance, après les invasions danoises, jusqu'à l'année 1300. C'est là un sujet qui n'avait jamais été traité dans son ensemble jusqu'à présent. L'auteur révèle un grand nombre de manuscrits anglais enluminés de cette époque. Il les commente et donne, dans cet ouvrage, d'excellentes reproductions des miniatures tirées de ces manuscrits.

Le texte de l'auteur comporte : 1º une étude générale sur l'histoire de la miniature anglaise de manuscrits du xe au xiiie siècle; 2º des notices des 164 miniatures reproduites dans l'ouvrage; 3º une table des manuscrits anglais les plus importants de cette époque, comprenant plus de 200 numéros, rangés par ordre chronologique, avec des détails sur leur provenance, leur situation actuelle et des renvois biblio-iconographiques.

L'ouvrage forme un beau volume in-4º jésus (26,5 × 36 cm.) de 168 pages de texte, illustré d'une planche en couleurs et de 100 planches hors texte en héliotypie, reproduisant au total 164 miniatures.

Prix de l'ouvrage broché : 480 francs.

ÉDITION DE LUXE. — Il a été tiré de cet ouvrage 25 exemplaires de luxe, texte et planches sur papier d'Arches à la cuve, numérotés de 1 à 25.

Prix des exemplaires de luxe : 800 francs.

(Voir édition anglaise *English Illuminated Manuscripts from the Xth to the XIIIth Century*, page 7 de ce catalogue.)

LA MINIATURE ANGLAISE DU XIVe ET DU XVe SIÈCLE, par Eric G. MILLAR, bibliothécaire au département des manuscrits du British Museum.

Avec ce volume qui fait suite au précédent ouvrage du même auteur, *La Miniature anglaise du Xe au XIIIe siècle*, se continue et s'achève l'histoire de la peinture de manuscrits en Angleterre. Le présent volume est consacré à l'œuvre de la célèbre école Est-Anglienne, à quelques autres manuscrits d'importance capitale : *Le Psautier de la reine Marie, Le Psautier de Peterborough*, etc., enfin aux enluminures du xve siècle qui marquent la fin de la peinture anglaise de manuscrits.

Établi sur le même plan que celui qui l'a précédé, cet ouvrage forme un beau et fort volume in-4º jésus (26,5 × 36 cm.) de 128 pages de texte, illustré d'un frontispice en couleurs et de 100 planches hors texte en héliotypie reproduisant au total 159 miniatures.

Prix de l'ouvrage broché : 480 francs.

ÉDITION DE LUXE. — Il a été tiré de cet ouvrage 25 exemplaires de luxe sur papier d'Arches à la cuve, numérotés de 1 à 25.

Prix des exemplaires de luxe : 800 francs.

(Voir édition anglaise *English Illuminated Manuscripts of the XIVth and XVth Century*, page 77 de ce catalogue.)

LA MINIATURE ITALIENNE DU Xe AU XVIe SIÈCLE, par Paolo D'ANCONA, professeur d'histoire de l'Art à l'Université royale de Milan.

Un beau volume in-4º jésus (26,5 × 36 cm.) d'environ 120 pages de texte, illustré de 97 planches hors texte, dont 4 *planches en couleurs* (*héliochromie*) et 93 planches en héliotypie, reproduisant 126 miniatures italiennes du Xe au XVIe siècle. Cette illustration, en grande partie inédite, sera une révé-lation pour les érudits et les amateurs. *Épuisé.*

LA MINIATURE PERSANE DU XIIe AU XVIIe SIÈCLE, par Ar-ménag Bey SAKISIAN.

L'intérêt de ce travail est considérable; il constitue, en effet, la première étude d'ensemble de la miniature persane, dont les diverses écoles brillèrent tour à tour d'un éclat incomparable du XIIe au XVIIe siècle. Il a fallu d'ailleurs que les anciennes collections impériales de Constantinople : musée de l'Evkaf, bibliothèque de Yildiz, bibliothèque du Vieux Sérail, fussent devenues publiques, pour que l'auteur ait pu y puiser les principaux éléments de son étude. La plupart des sujets de l'illustration sont reproduits pour la première fois.

L'ouvrage forme un beau et fort volume in-4º jésus (26,5 × 36 cm.), comprenant 160 pages de texte sur papier pur chiffon des Papeteries de Gemens et 106 planches hors texte dont 2 planches en couleurs et 104 planches en héliotypie, reproduisant au total 193 miniatures.

Prix de l'ouvrage broché : 480 francs.

ÉDITION DE LUXE. — Il a été tiré de cet ouvrage 25 exemplaires de luxe sur papier d'Arches à la cuve, numérotés de 1 à 25.

Prix des exemplaires de luxe : 800 francs.

LA MINIATURE FRANÇAISE DU XIIIe AU XVe SIÈCLE, par Henry MARTIN, administrateur honoraire de la Bibliothèque de l'Arsenal à Paris. Ouvrage couronné par l'Institut (Académie des Inscriptions et Belles-Lettres). Prix Fould, 1924. *Deuxième édition, revue et corrigée.*

Dans les premiers chapitres de son travail, l'auteur nous montre l'accession, au XIIIe siècle, des miniaturistes laïques, avec Honoré et ses disciples, puis le mouvement qui a produit ce maître enlumineur Jean Pucelle, ses élèves ou imitateurs, le " Maître aux Boqueteaux " et toute la suc-cession des miniaturistes et de ces charmants " Historieurs " du XIVe siècle. La fin de l'ouvrage est consacrée au début du XVe siècle, aux grands artistes de la Cour du duc de Berry : Jacquemart de Hesdin, Pol de Limbourg et ses frères, Haincelin de Haguenau, Jacques Coene et tant d'au-tres de cette brillante école que l'on est convenu d'appeler franco-flamande.

L'étude critique et historique de M. Henry Martin est suivie d'une série de notices concernant les manuscrits dont sont tirées les 134 miniatures reproduites dans le livre.

L'ouvrage forme un beau et fort volume in-4º jésus (26,5 × 36 cm.), sur papier d'alfa, contenant 104 planches hors texte, dont 4 *planches en couleurs* et 100 planches en héliotypie reproduisant 134 miniatures (peintures de manuscrits ou dessins) de l'école française du XIIIe au XVe siècle.

Prix de l'ouvrage broché : 480 francs.

LA MINIATURE FLAMANDE AU TEMPS DE LA COUR DE BOURGOGNE (1415-1530), par le comte Paul DURRIEU, membre de l'Institut. Ouvrage publié avec le concours de l'Académie des Inscriptions et Belles-Lettres (Fondation Piot), accompagné de 153 reproductions de miniatures. *Deuxième édition.*

Cet ouvrage, dont la deuxième édition vient de paraître, a comblé une importante lacune dans la série des publications consacrées à l'histoire de l'art. On sait, d'une façon générale, que la miniature ou peinture de manuscrits est une exquise branche de l'art, qui a été cultivée d'une façon supérieure de 1415 (période des Van Eyck) jusque vers 1530 environ, dans les contrées où a fleuri ce qu'on est convenu d'appeler l'école primitive flamande de peinture. Mais il manquait à l'érudition, comme au monde du grand public, un travail d'ensemble sur ce sujet important, établi sur des fondements absolument scientifiques. C'est ce travail que le comte Paul DURRIEU, qui a consacré une partie de sa vie à l'étude et à l'examen des miniatures flamandes, a bien voulu nous donner.

Cette publication comprend :

1º Une étude d'ensemble constituant l'histoire de la miniature flamande depuis l'époque des Van Eyck jusqu'en 1530.

2º L'explication et le commentaire raisonné des 103 planches de l'ouvrage.

3º La reproduction en héliotypie, sur 103 planches hors texte, de 153 miniatures (peintures de manuscrits) ou dessins en esquisses pour des illustrations de livres.

L'ouvrage forme un beau et fort volume in-4º jésus (26,5 × 36 cm.).

Prix de l'ouvrage broché : 480 francs.

LES TRÈS BELLES MINIATURES DE LA BIBLIOTHÈQUE ROYALE DE BELGIQUE, par Eugène BACHA, conservateur des manuscrits à la Bibliothèque royale de Belgique.

Un volume de format in-4º jésus, contenant 56 planches hors texte en héliotypie.   *Épuisé.*

HEURES DE MILAN. Vingt-huit feuillets provenant des *Très belles heures de Jean de France, duc de Berry.* Reproduction en héliogravure d'après les originaux de la *Biblioteca Trivulziana,* à Milan, précédée d'une étude par Georges H. DE LOO.   *Épuisé.*

LE BOCCACE DE JEAN SANS PEUR. Manuscrit nº 5193 de la Bibliothèque de l'Arsenal à Paris, avec une étude et des commentaires par Henry MARTIN, administrateur honoraire de la Bibliothèque de l'Arsenal.

Les miniatures de ce manuscrit constituent certainement l'un des plus précieux spécimens de la décoration des livres au début du xvᵉ siècle. Exécutée entre 1409 et 1419, cette série de 150 tableaux est due à la collaboration de plusieurs artistes, parmi lesquels il faut distinguer l'illustrateur des

Heures de Boucicaut, qu'on a cru pouvoir identifier avec l'énigmatique Jacques Coene. Toutes les particularités de ce beau manuscrit sont exposées et commentées dans la préface que M. Henry Martin a écrite pour mettre en tête de la publication. On y trouvera également des remarques sur la valeur artistique des peintures et un " catalogue " commenté des 150 miniatures du manuscrit.

Un beau volume in-4º, de 92 pages de texte, et la reproduction hors texte, en héliotypie, des 150 miniatures du manuscrit.

400 exemplaires sur papier vélin numérotés de 11 à 410.

Prix de l'ouvrage: 180 *francs.*

LE BRÉVIAIRE DE PHILIPPE LE BON (*Manuscrit de la Bibliothèque royale de Belgique*). Reproduction des miniatures des manuscrits nᵒˢ 9511 et 9026 de la Bibliothèque royale de Belgique, par J. van den GHEYN, S. J., conservateur des manuscrits à la Bibliothèque royale de Belgique.

Le Bréviaire de Philippe le Bon, dont nous présentons au public la reproduction, est considéré par le P. van den Gheyn, en dehors de sa valeur de souvenir historique, comme un document du plus grand intérêt au point de vue de l'étude de l'art flamand ou franco-flamand du xvᵉ siècle.

L'auteur conclut que les miniatures auraient été exécutées vers 1420-1440 dans l'atelier brugeois fréquenté par Guillaume Vrelant.

Notre édition comporte la reproduction intégrale de tous les folios historiés ou ornés du manuscrit, sur 61 planches tirées en héliotypie à dimension de l'original, et forme un beau volume in-4º (25 × 32,5 cm.), sur papier de Hollande, en portefeuille.

Prix de l'ouvrage : 180 *francs.*

LES XYLOGRAPHIES DU XIVᵉ ET DU XVᵉ SIÈCLE AU CABINET DES ESTAMPES DE LA BIBLIOTHÈQUE NATIONALE, par P.-A. LEMOISNE, conservateur du Cabinet des Estampes.

La collection des bois gravés en couleurs des xivᵉ et xvᵉ siècles du Cabinet des Estampes de la Bibliothèque Nationale est un objet d'admiration pour tous les amateurs de l'art primitif français. Avec le concours du distingué conservateur du Cabinet des Estampes, M. P.-A. LEMOISNE, nous avons décidé de réunir en un recueil la collection complète de ces bois gravés. Ce recueil forme un admirable ouvrage au format in-4º jésus (28 × 38 cm.) qui contient environ 350 pages de texte et 141 planches hors texte, dont 107 planches en couleurs (héliochromie). Tous ces bois gravés sont reproduits en fac-similé et aux dimensions des originaux. Ils sont précédés d'une substantielle étude générale et accompagnés de notices critiques.

L'ouvrage est tiré par l'Imprimerie nationale, dans son beau caractère Garamond, à 650 exemplaires numérotés (exemplaires d'hommage compris), sur papier d'Arches spécialement cuvé à cette intention.

L'ouvrage est complet en deux volumes.

Prix de l'ouvrage complet : 1500 *francs.*

LE LIVRE FRANÇAIS DES ORIGINES A LA FIN DU SECOND EMPIRE (*Exposition du Pavillon de Marsan, avril* 1923).

Les Manuscrits à peintures, par Henry MARTIN.

*Les Livres à gravures du XV*e *siècle,* par André BLUM.

*Les Livres à gravures du XVI*e *siècle,* par Charles MORTET.

*Les Livres à gravures du XVII*e *siècle,* par Mlle J. DUPORTAL.

*Les Livres à gravures du XVIII*e *siècle,* par Louis RÉAU.

*Les Livres à gravures du XIX*e *siècle,* par Frantz CALOT.

Les Reliures, par Amédée BOINET.

Les Amateurs de livres en France depuis le moyen âge, par le comte Paul DURIEU, membre de l'Institut.

Cet ouvrage, consacré à l'admirable exposition du Livre français organisée au Pavillon de Marsan en avril 1923, forme un très beau et fort volume in-4° carré (22,5 × 29 cm.) de 200 pages de texte et 104 planches hors texte, dont 100 planches tirées en héliotypie en deux teintes et 4 planches en couleurs (héliochromie). Texte et planches tirés sur papier pur chiffon Lafuma.

Prix de l'ouvrage broché : 480 *francs.*

LE LIVRE BELGE A GRAVURES. *Guide de l'amateur de livres illustrés imprimés en Belgique avant le XVIII*e *siècle,* par le docteur M. FUNCK, agrégé à l'Université de Bruxelles.

Cet ouvrage est consacré à l'étude des origines de la typographie dans les provinces belges,et au développement de cet art, spécialement du xve à la fin du xviie siècle. Ce livre est divisé en deux parties : 1° une histoire du livre illustré en Belgique, qui comporte douze chapitres; 2° un index bibliographique des livres à gravures les plus importants, que tout amateur doit connaître. L'ouvrage forme un beau volume in-8° raisin (16 × 25 cm.) de 425 pages de texte, illustré de 125 gravures dans le texte et de 8 planches hors texte en héliotypie.

Prix de l'ouvrage broché : 100 *francs.*

ÉDITION DE LUXE. — Soixante-quinze exemplaires sur vélin d'Arches à la cuve : 200 francs.

LA GRAVURE EN FRANCE

LES ORIGINES DE LA GRAVURE EN FRANCE. *Les Estampes sur bois et sur métal. Les Incunables xylographiques,* par André BLUM, docteur ès lettres, avec une préface du comte A. DE LABORDE, membre de l'Institut.

Dans cet ouvrage, l'auteur jette une lumière nouvelle sur la question des origines de la gravure française. Ce livre est une œuvre de synthèse, rempli d'idées et de documents. C'est une mise au point extrêmement précise et précieuse d'un ensemble de recherches et de découvertes faites par des érudits dans plusieurs pays depuis plus d'un siècle. Nous avons pensé rendre service à tous ceux qu'intéresse l'histoire de la gravure ou que passionne la collection des estampes en publiant le présent travail de M. André Blum.

L'ouvrage forme un beau volume in-4° raisin (25 × 32,5) de 96 pages de texte, illustré de 78 planches hors texte en héliotypie, reproduisant 112 estampes sur bois et sur métal, parmi lesquelles maintes pièces uniques, choisies dans les bibliothèques et les plus célèbres collections privées de France et de l'étranger.

Prix de l'ouvrage broché : 250 francs ; relié pleine toile : 290 francs.

ÉDITION DE LUXE. — Il a été tiré de cet ouvrage 25 exemplaires de luxe, sur papier d'Arches à la cuve, numérotés de 1 à 25.

Prix des exemplaires de luxe : 560 francs.

LES ORIGINES DU LIVRE A GRAVURES EN FRANCE. *Les Incunables typographiques*, par André Blum, docteur ès lettres.

Le but que s'est proposé l'auteur de ce livre est d'étudier et de mettre en lumière l'œuvre jusqu'ici assez ignorée et méconnue des " tailleurs d'images " dont les planches gravées accompagnent les premiers ouvrages imprimés en France par les procédés typographiques. L'auteur passe successivement en revue les ateliers parisiens, lyonnais et provinciaux de la fin du xv⁰ siècle.

Cet ouvrage vient continuer et achever l'histoire des origines de la Gravure en France, commencée par M. A. Blum avec son précédent volume consacré aux *Incunables xylographiques*.

Le présent ouvrage forme un volume in-4° raisin (25 × 32,5 cm.) de 100 pages de texte, illustré de 78 planches hors texte en héliotypie, reproduisant 177 gravures.

Prix de l'ouvrage broché : 250 francs ; relié pleine toile : 290 francs.

ÉDITION DE LUXE. — Il a été tiré de cet ouvrage 25 exemplaires de luxe, imprimés sur papier d'Arches à la cuve, numérotés de 1 à 25.

Prix des exemplaires de luxe : 560 francs.

LA GRAVURE EN FRANCE AU XVI⁰ SIÈCLE DANS LE LIVRE ET L'ORNEMENT, par J. Lieure.

Dans ce livre, qui se rattache aux ouvrages déjà publiés de M. André Blum sur les origines de la gravure en France, l'auteur étudie cette période si prodigieusement fertile du xvi⁰ siècle qui vit paraître tant de beaux livres d'Heures et se développer, en une magnifique floraison, la pléiade des ornemanistes.

L'ouvrage forme un beau volume in-4° raisin (25 × 32,5 cm.) de 68 pages de texte imprimé sur papier alfa, illustré de 72 planches hors texte en héliotypie, reproduisant 245 estampes relatives au livre et à l'ornement.

Prix de l'ouvrage broché : 250 francs ; relié pleine toile : 290 francs.

ÉDITION DE LUXE. — Il a été tiré de cet ouvrage 25 exemplaires de luxe, sur papier d'Arches à la cuve, numérotés de 1 à 25.

Prix des exemplaires de luxe : 560 francs.

Apocalypse de Toulouse, fº 25 Vº. Mulier parturiens.
Les Trésors des Bibliothèques de France. Fasc. VIII.

LA GRAVURE DE PORTRAITS ET D'ALLÉGORIES EN FRANCE AU XVIIe SIÈCLE, par Eugène Bouvy.

On peut considérer le xviie siècle en France comme l'âge d'or de la Gravure de portraits, ainsi que de la Gravure d'allégories, qui, bien que différente du portrait par la liberté d'inspiration, s'en rapproche par plus d'un côté.

Dans cet ouvrage sont étudiés : Thomas de Leu, Nanteuil, Samuel Bernard, Jean Morin, Claude Mellan, Pierre Drevet, Jacques Callot, Abraham Bosse, etc.

L'ouvrage forme un volume in-4° raisin (25 × 32,5 cm.) de 96 pages de texte, illustré de 72 planches hors texte en héliotypie reproduisant 108 estampes exécutées au burin, à l'eau-forte, à la manière noire, choisies parmi les plus représentatives de la gravure de portraits et d'allégories en France au xviie siècle.

Prix de l'ouvrage broché : 250 francs ; relié pleine toile, 290 francs.

ÉDITION DE LUXE. — Il a été tiré de cet ouvrage 25 exemplaires de luxe sur papier d'Arches à la cuve, numérotés de 1 à xxv.

Prix des exemplaires de luxe : 560 francs.

LA GRAVURE DE GENRE ET DE MŒURS EN FRANCE AU XVIIIe SIÈCLE, par Émile DACIER, Conservateur adjoint à la Bibliothèque nationale.

La gravure de genre et de mœurs est le domaine par excellence de la gravure française du xviiie siècle, celui où l'on rencontre les noms des maîtres — créateurs et interprètes — les plus admirés et les plus aimés : Watteau, Boucher, Chardin, Greuze, Fragonard, Beaudouin, Lavreince, etc.; Tardieu, Cochin, Moreau le jeune, N. de Launay, Demarteau, Janinet Debucourt, et combien d'autres encore. C'est à ces maîtres et à ce domaine spécial de la gravure que M. DACIER a consacré cet admirable travail dont le texte comporte : 1° une étude historique sur l'évolution de la gravure de genre et de mœurs depuis les dernières années de Louis XIV jusqu'aux premières du Consulat; 2° une notice historique et critique de chacune des estampes reproduites ; 3° une notice biographique de tous les graveurs reproduits ici.

L'ouvrage forme un beau et fort volume in-4° raisin (25 × 32,5 cm.) d'environ 150 pages de texte et 86 planches hors texte en héliotypie, reproduisant 133 estampes choisies parmi les plus curieuses et les plus caractéristiques.

Prix de l'ouvrage broché : 250 francs ; relié pleine toile : 290 francs.

LA GRAVURE DE PORTRAITS ET DE PAYSAGES EN FRANCE AU XVIIIe SIÈCLE, par Mlle J. DUPORTAL. Ouvrage couronné par l'Institut (Académie des Beaux-Arts). Prix Bernier, 1926.

A cet ouvrage, le monde des érudits et des professionnels, comme l'élite du grand public, ont réservé l'accueil le plus flatteur et le plus empressé. Dans le double domaine du portrait et du paysage, les graveurs français du xviiie siècle ont excellé et ont produit de véritables chefs-d'œuvre que les collectionneurs et les cabinets d'estampes se disputent. Le présent ouvrage contient une étude historique et critique, des notices sur les estampes reproduites et une suite de renseignements biographiques sur les artistes auteurs de ces estampes. Ce texte est accompagné de 126 reproductions, soit 80 portraits et 46 paysages, réparties sur 84 planches hors texte.

L'ouvrage forme un beau volume in-4º raisin (25 × 32,5 cm.) d'environ 100 pages de texte sur beau papier d'alfa, illustré de 84 planches hors texte en héliotypie, reproduisant 126 estampes choisies parmi les plus caractéristiques.

Prix de l'ouvrage broché : 250 francs ; relié pleine toile : 290 francs.

ÉDITION DE LUXE. — Il a été tiré de cet ouvrage 25 exemplaires de luxe, sur papier d'Arches à la cuve, numérotés de 1 à 25.

Prix des exemplaires de luxe : 560 francs.

LA GRAVURE D'ILLUSTRATION EN FRANCE AU XVIIIᵉ SIÈCLE, par Louis RÉAU, ancien directeur de l'Institut français à Saint-Petersbourg.

Ce volume, qui se rattache à ceux que nous avons publiés précédemment sur *la Gravure de genre et de mœurs* et sur *la Gravure de portrait et de paysages en France au XVIIIᵉ siècle*, par M. E. DACIER et Mlle DUPORTAL, constitue le *premier ouvrage illustré* consacré à la gravure d'illustration en France au XVIIIᵉ siècle. Sa nouveauté est la meilleure justification et la raison d'être de ce travail.

L'ouvrage forme un beau volume in-4º raisin (25 × 32,5 cm.), de près de 100 pages de texte, illustré de 72 planches hors texte en héliotypie, reproduisant 115 gravures empruntées aux plus beaux ouvrages du XVIIIᵉ siècle.

Prix de l'ouvrage broché : 250 francs ; relié pleine toile : 290 francs.

ÉDITION DE LUXE. — Il a été tiré de cet ouvrage 25 exemplaires de luxe, sur papier d'Arches à la cuve, numérotés de 1 à 25.

Prix des exemplaires de luxe : 560 francs.

LES TRÉSORS DES BIBLIOTHÈQUES DE FRANCE, publiés sous la direction de M. M. R. CANTINELLI, administrateur de la Bibliothèque du Palais-Bourbon, et Em. DACIER, conservateur adjoint à la Bibliothèque nationale.

Cette publication, entreprise en 1925, a pour but de révéler au public, par des reproductions fidèles, les richesses cachées des bibliothèques de France : manuscrits à peintures, éditions rares et exemplaires uniques, estampes introuvables, dessins originaux, reliures historiques, autographes, ex-libris, médailles, etc.

Il paraît deux fascicules par an, au format in-4º carré (22,5 × 29 cm.), contenant de 32 à 48 pages de texte, illustrés de reproductions au trait, outre les planches hors texte en héliotypie et en fac-similé (couleurs, sanguine, crayon, etc.), texte et planches imprimés sur papier d'Arches, spécialement cuvé à cette intention.

Le tirage est limité à 650 exemplaires.

Prix du fascicule : 90 francs.

Le tome premier de cette publication, comprenant les fascicules I à IV, contient 180 pages de texte, 42 planches hors texte en héliotypie, 8 planches en couleurs, 1 eau-forte originale, 2 bois

Le portement de Croix.
P.-A. Lemoisne. — *Les Xylographies de la Bibliothèque Nationale. Pl. VII.*

originaux, 1 héliogravure en taille-douce, 5 fac-similés, 1 dessin à la plume, plus la reproduction, en fac-similés, de deux impressions rarissimes.

Le tome second, formé par la réunion des fascicules V à VIII, vient de paraître. Il constitue un volume de 180 pages de texte illustré de 65 planches hors texte en héliotypie, 10 planches fac-similées en couleurs, 1 gravure sur bois, 1 eau-forte et 2 pointes sèches originales et la reproduction en fac-similé de 2 manuscrits et de 2 impressions uniques. Parmi les écrivains et les artistes qui ont collaboré à ces quatre fascicules on compte : le chanoine A. AURIOL, G. BELOT, E. BONNEAU, J. CORDEY, C. COUDERC, E. DACIER, Mlle J. DUPORTAL, G. HIRSCHAUER, A. JOUBIN, le baron HENNET DE GOUTEL, P. LAVALLÉE, l'abbé J. LEROQUAIS, Mlle M. LE TESSIER, J. PORCHER, J. VALLERY-RADOT, etc.

Chaque volume (composé de quatre fascicules) broché : 360 francs.

Chacun des deux volumes est également fourni dans une reliure artistique bradel plein parchemin végétal au prix de 440 francs.

HISTOIRE DE LA GRAVURE DANS LES ANCIENS PAYS-BAS ET DANS LES PROVINCES BELGES, DEPUIS LES ORIGINES JUSQU'A LA FIN DU XVIIIe SIÈCLE, par A.-J.-J. DELEN, conservateur adjoint du Musée Plantin-Moretus.

Première partie : Des Origines à 1500.

Cette publication constitue le premier travail important et complet sur la gravure en Belgique et dans les anciens Pays-Bas. Elle comblera donc une réelle et grave lacune et sera bien accueillie par les nombreux amateurs, érudits et professionnels de la gravure.

La première partie, traitant *Des Origines à 1500*, que nous annonçons ici, forme un beau volume in-4° raisin (25 × 32,5 cm.) d'environ 140 pages de texte et 66 planches hors texte en héliotypie, reproduisant 130 gravures du XVe siècle, choisies parmi les plus intéressantes et les plus caractéristiques.

Prix de l'ouvrage broché : 250 francs ; relié pleine toile : 290 francs.

ÉDITION DE LUXE. — Il a été tiré de cet ouvrage 25 exemplaires de luxe sur papier d'Arches à la cuve.

Prix des exemplaires de luxe : 560 francs.

LES ESTAMPES DE PETER BRUEGEL L'ANCIEN, par R. VAN BASTELAER, conservateur des estampes à la Bibliothèque royale de Belgique.

La présente publication contient *toutes* les estampes connues, gravées par ou d'après Bruegel, y compris les pièces uniques empruntées aux cabinets d'estampes ou aux collections privées. Elles sont au nombre de 222. Les amateurs retrouveront ici intégralement les fameuses suites des *Sept Vertus*, des *Sept Péchés capitaux*, des *Douze Proverbes flamands*, des *Quatre Saisons*, des *Grands Paysages*, et des deux séries de *Petits Paysages campinois et brabançons*, les *Marines*, le célèbre *Pèlerinage des Épileptiques* et les 36 types de paysans, aussi bien que les pièces capitales telles que *les Gros Poissons mangent les petits*, *le Pays de Cocagne*, *le Mercier pillé par les singes*, etc.

M. Van Bastelaer, conservateur des estampes à la Bibliothèque royale de Belgique, a dressé pour cet ouvrage un catalogue méticuleusement critique et rédigé une étude documentaire sur la chronologie des œuvres, leurs graveurs et éditeurs, leurs copistes.

Cet ouvrage se recommande à tous les collectionneurs de gravures, historiens du XVIe siècle, folkloristes, et non moins au grand public qui trouvera du délassement à parcourir ce trésor d'observation, d'ironie, de drôlerie et d'ingéniosité.

Un volume in-4°, comprenant 80 pages de texte et reproduisant 222 estampes réparties sur 135 planches hors texte.

Prix de l'ouvrage broché : 120 francs.

JACQUES CALLOT, MAITRE-GRAVEUR, par Pierre-Paul PLAN, suivi d'un Catalogue raisonné et accompagné de la reproduction de 282 de ses estampes et de 2 portraits.

Ouvrage de grand luxe tiré à 300 exemplaires numérotés sur papier d'Arches à la cuve.   *Épuisé.*

JACQUES CALLOT, MAITRE-GRAVEUR (1593-1635), par P.-P. PLAN.

Le succès considérable qui a accueilli la grande édition aujourd'hui épuisée que nous avons consacrée à l'admirable créateur de la *Comédie italienne* et de la *Tentation de saint Antoine*, nous encourage à présenter au public une édition très soignée de ce livre, qui contient la reproduction de 96 estampes du grand maître lorrain.

L'ouvrage in-8°, illustré de 51 belles planches hors texte en typogravure.

Prix broché : 25 francs ; relié toile : 36 francs.

DESSINS DE MAITRES ANCIENS

DESSINS DE MAITRES ANCIENS, par M. DELACRE et P. LAVALLÉE.

La perfection atteinte par les procédés de reproduction permet au collectionneur de dessins, bien mieux qu'à l'amateur de peintures, de rassembler chez lui des choix importants d'œuvres de maîtres.

En réunissant dans ce recueil des dessins, des études inédites de grands maîtres, nous avons tâché de servir utilement la " belle et anoblissante manie " des collectionneurs de dessins et, dans la mesure où nous le pouvions, d'enrichir leurs trésors.

L'ouvrage forme un beau volume in-4° jésus (28 × 38 cm.) de 120 pages de texte, illustré de 48 planches hors texte admirablement tirées en héliotypie dans la teinte générale des originaux : sépia, bistre, sanguine, crayon noir, etc., reproduisant 51 dessins de grands maîtres.

Prix de l'ouvrage broché : 200 francs.

DESSINS FRANÇAIS DU XVIIIe SIÈCLE A LA BIBLIOTHÈQUE DE L'ÉCOLE NATIONALE DES BEAUX-ARTS, par Pierre LAVALLÉE, conservateur de la Bibliothèque et du Musée de l'École des Beaux-Arts.

Les dessins de la Bibliothèque de l'École nationale des Beaux-Arts sont pour la plupart inédits. L'École française du xviiie siècle y est d'autre part représentée par un grand nombre de pièces admirables.

A la suite d'une introduction, dans laquelle l'auteur retrace l'histoire du dessin au xviiie siècle, on trouvera dans cet ouvrage la reproduction de quelques-uns des meilleurs dessins de maîtres tels que Watteau, Oudry, Joseph Vernet, G. de Saint-Aubin, Greuze, David, Prud'hon, etc., œuvres pour la plupart très peu connues.

L'ouvrage forme un beau volume in-4º jésus (28 × 38 cm.) de plus de 100 pages de texte, illustré de 48 planches hors texte en héliotypie dans la teinte des originaux.

Prix de l'ouvrage broché : 200 francs.

CATALOGUE DE LA BIBLIOTHÈQUE DE M. EUGÈNE VON WASSERMAN, dont la vente publique a eu lieu à Bruxelles en 1921.

Manuscrits, incunables, livres illustrés de la fin du xve siècle au début du xxe siècle, almanachs illustrés, recueils de portraits, de planches relatives aux costumes, recueils de dessins et ouvrages ornés de dessins, reliures du xve au xviiie siècle, reliures de l'époque romantique, livres anciens dans tous les genres, etc.

Le catalogue de cette remarquable bibliothèque, bien connue de tous les bibliophiles et qui fut dispersée aux enchères en octobre-novembre 1921, forme deux beaux volumes in-4º carré (22,5 × 29 cm.).

Prix de l'ouvrage broché : 25 francs.

CATALOGUE DE L'EXPOSITION DES PLUS BELLES RELIURES DE LA RÉUNION DES BIBLIOTHÈQUES NATIONALES A PARIS EN 1929.

Un volume in-4º couronne illustré de 16 planches hors texte en héliotypie en deux teintes.

Prix broché : 15 francs.

ÉDITION DE LUXE. — Cent exemplaires numérotés sur papier d'Arches à la cuve.

Prix des exemplaires de luxe : 40 francs.

RECHERCHES sur les origines des marques anciennes qui se rencontrent dans l'art et dans l'industrie du xve au xixe siècle au sujet du chiffre 4, par Léon GRUEL.

Ce livre, fruit de plus de vingt années de recherches minutieuses, constitue une étude sur les développements et les dérivations décoratifs et emblématiques du chiffre 4. Ceux qui ont le plus employé ce signe sont : les libraires-éditeurs, les imprimeurs, les graveurs, les peintres, les sculpteurs et les fabricants de papier. Il faut ajouter à cette liste nombre de personnes n'ayant exercé aucune profession spéciale et qui ont ajouté ce quatre à leur chiffre, à leur signature, ou à leurs armoiries.

L'ouvrage forme un beau volume in-8º jésus (18 × 28 cm.) d'environ 200 pages de texte, illustré de 518 marques et figures dans le texte.

Prix de l'ouvrage broché : 50 francs.

J. G. Wille. — Le comte de Saint Florentin.
D'après L. Tocqué.
J. Duportal. — *La Gravure de Portraits et de Paysages au XVIIIe siècle. Pl. XXIV.*

IV. — ART D'EXTRÊME-ORIENT

ARS ASIATICA

Études et Documents publiés par M. Victor Goloubew sous le patronage de l'École Française d'Extrême-Orient.

Tome I. — LA PEINTURE CHINOISE AU MUSÉE CERNUSCHI par Ed. CHAVANNES et Raph. PETRUCCI.

Un volume in-4º jésus (26,5 × 34 cm.), illustré de 51 planches hors texte.   *Épuisé.*

Tome II. — SIX MONUMENTS DE LA SCULPTURE CHINOISE par Édouard CHAVANNES, membre de l'Institut.

L'ouvrage forme un beau volume in-4º (26,5 × 35 cm.) et contient, outre les études de M. Édouard CHAVANNES, 52 planches hors texte, tirées en héliotypie (reste trois exemplaires).

Prix : 1.500 francs.

ÉDITION DE LUXE. — Il a été tiré de cet ouvrage 15 exemplaires de grand luxe, numérotés, sur papier impérial du Japon.   *Épuisé.*

Tome III. — SCULPTURES ÇIVAÏTES DE L'INDE, par Auguste RODIN, An. COOMARASWAMY. E.-B. HAVELL et Victor GOLOUBEW.

Ce volume d'*Ars Asiatica* débute par des pages inédites du maître Auguste RODIN sur la *Danse de Çiva*, écrites en 1913 et publiées pour la première fois. Notre volume contient ensuite les études suivantes :

Notice sur l'entité et les noms de Çiva, par An. COOMARASWAMY.

La Trimûrti d'Elephanta, par E.-B. HAVELL.

La Descente de la Cangà sur terre à Mavalipuram, par V. GOLOUBEW.

L'ouvrage est illustré de 47 belles planches hors texte, en héliotypie, reproduisant sous divers aspects l'ensemble et les détails des œuvres et des monuments décrits dans ce volume.

Un beau volume in-4º jésus (26,5 × 35 cm.), tiré sur papier d'Arches à la cuve. Reste quelques exemplaires.

Prix : 560 francs.

Il a été tiré de ce volume 15 exemplaires de grand luxe, sur papier impérial du Japon, numérotés de 1 à 15.

Prix : 900 francs.

Tome IV. — LES SCULPTURES CHAMES AU MUSÉE DE TOU-RANE, par H. Parmentier, chef du Service archéologique de l'École Française d'Extrême-Orient.

Le Musée de Tourane offre un ensemble unique d'œuvres chames, dont nous donnons la repro-duction et la description dans l'ouvrage de M. Parmentier. Cet ouvrage sera une véritable révé-lation pour les archéologues et les curieux. La statuaire moderne y trouvera sans doute la source d'inspirations nouvelles.

Un beau volume in-4° jésus (26,5 × 35 cm.), contenant une carte archéologique de l'Annam et 64 reproductions de sculptures réparties sur 30 planches hors texte en héliotypie, tiré sur papier pur fil Lafuma.

Prix de l'ouvrage broché : 300 francs ; cartonné : 360 francs.

Tome V. — BRONZES KHMÈRS. Étude basée sur les documents recueillis dans les collections publiques et privées de Bangkok et sur les pièces conservées au Palais Royal de Phnom Penh, au Musée du Cambodge et au Musée de l'École Française d'Extrême-Orient, par George Cœdès, conservateur de la Bibliothèque nationale de Bangkok.

Ce volume est surtout un recueil de matériaux pour servir à l'étude de l'art du bronze dans l'an-cien Cambodge. L'auteur a rassemblé tous les renseignements qu'il a pu recueillir sur l'origine, la matière et le style des pièces publiées, et il résume les données iconographiques fournies par ces pièces, avec toutes les indications sur les dimensions, la provenance et la situation actuelle des objets figurés.

Un beau volume in-4° jésus (26,5 × 35 cm.), illustré de 51 planches hors texte en héliotypie en deux teintes, dans la patine des originaux, produisant 138 statuettes et autres specimens en bronze de l'art khmèr.

Le texte et les planches sont tirés sur papier pur chiffon Lafuma.

Prix de l'ouvrage broché : 300 francs ; cartonné : 360 francs.

Tome VI. — L'ART ASIATIQUE AU-BRITISH MUSEUM (*Sculp-ture et Peinture*), par Laurence Binyon, conservateur au British Mu-seum.

Ce nouveau volume d'*Ars Asiatica* offre aux chercheurs et aux curieux un choix représentatif des admirables collections d'art oriental au British Museum. Cent sept œuvres sont ici reproduites et commentées avec toutes les données d'origine, d'attribution, de bibliographie et de dimen-sions, classées par pays et par écoles : sculpture indienne, sculpture chinoise, art bactrien, pein-ture chinoise, peinture japonaise, peinture tibétaine, peinture coréenne, peinture persane, pein-ture indienne, peinture siamoise, peinture birmane.

L'ouvrage forme un beau volume in-4° jésus (26,5 × 35 cm.) de 80 pages de texte, imprimé sur papier pur chiffon Lafuma, illustré de 64 planches hors texte en héliotypie en deux teintes.

Prix du volume broché : 300 francs ; cartonné : 360 francs.

(Voir édition anglaise *Asiatic Art in the British Museum* [*Sculpture and Pictorial Art*], p. 77 de ce catalogue.)

Watteau. — Feuille d'étude.

P. Lavallée. — *Dessins français du XVIIIe siècle à la Bibliothèque de l'École des Beaux-Arts. Pl. 6.*

Tome VII. — DOCUMENTS D'ART CHINOIS DE LA COLLEC-
TION OSVALD SIRÉN, publiés avec une préface de M. Raymond
KOECHLIN, sous la direction de M. Henri RIVIÈRE et avec la colla-
boration de S. ELISSÉÈV, G. MUNTHE, OSV. SIRÉN.

La collection Osvald SIRÉN offre un ensemble particulièrement remarquable de spécimens d'archéologie et d'art qui nous permettent de suivre l'évolution des arts décoratifs en Chine, depuis
les plus hautes époques jusqu'au xe siècle de notre ère. Le texte du présent ouvrage comporte,
à côté d'études d'ensemble sur les bronzes, les os et jades, la céramique et la sculpture chinoise,
le catalogue complet de la collection Osvald SIRÉN. Il contient, en outre, répartie sur 60 planches
hors texte, la reproduction *de plus de* 400 *spécimens* : objets en os et ivoire sculptés, bronzes, jades
funéraires et rituels, sculptures en pierre et en bois, petits bronzes bouddhiques, poteries, etc.
Beaucoup de ces objets sont restés jusqu'ici inconnus en Europe et sont, par conséquent, du plus
haut intérêt pour l'étude de l'art chinois.

L'ouvrage forme un beau volume in-4º jésus (26,5 × 35 cm.) de plus de 100 pages de texte, illustré
de 60 planches hors texte en héliotypie en deux teintes et d'une planche en couleurs (héliochromie)
en frontispice.

Prix de l'ouvrage broché : 300 francs ; cartonné : 360 francs.

Tome VIII. — L'ART JAVANAIS DANS LES MUSÉES DE HOL-
LANDE ET DE JAVA, par N.-J. KROM, professeur à l'Université de Leyde (Hollande).

L'ouvrage que nous annonçons ici est le premier travail général consacré à ce sujet. L'auteur y
donne une vue d'ensemble de l'art javanais depuis ses premières manifestations jusqu'à ses productions les plus récentes, en s'arrêtant longuement à la période indo-javanaise, qui est la plus
importante de son histoire. Cette étude est soutenue par 60 planches hors texte reproduisant environ
125 spécimens choisis parmi les plus beaux et les plus caractéristiques conservés dans les musées
de Hollande et de Java : art indo-javanais primitif (plateau de Dieng et bronzes), art hindou à
Java (Boroboudour et Prambanan), art de Singarasi (indonésien) et de l'empire javanais de Madja-
pahit, objets usuels, armes, etc.

Un beau volume in-4º jésus (26,5 × 35 cm.) d'environ 80 pages de texte, illustré de 60 planches
hors texte en héliotypie en deux teintes.

Prix de l'ouvrage broché : 300 francs ; cartonné : 360 francs.

Tome IX. — LES PEINTURES CHINOISES DANS LES COLLEC-
TIONS D'ANGLETERRE, par Laurence BINYON, conservateur
des peintures et des dessins orientaux au British Museum.

La peinture chinoise a été une des principales révélations de ce siècle et rarement une forme d'art
a provoqué chez les amateurs et les collectionneurs une admiration plus vive, une curiosité plus
ardente. Ce volume contient un choix des peintures chinoises les plus remarquables conservées
au British Museum et dans nombre de collections particulières en Angleterre, parmi lesquelles
des pièces inédites de la plus haute importance, rapportées par M. Aurel Stein de sa dernière
expédition, et des spécimens de peintures murales de grandes dimensions et de haute époque
récemment entrées dans la collection de M. Eumorfopoulos.

L'ouvrage forme un beau volume in-4º jésus (26,5 × 35 cm.) de 72 pages de texte, illustré de

64 planches hors texte admirablement tirées en héliotypie en deux teintes, reproduisant 85 peintures dues aux maîtres chinois les plus éminents depuis les plus hautes époques jusqu'au XVIIIe siècle de notre ère.

(Voir édition anglaise *Chinese Paintings in English Collections*, p. 77 de ce catalogue.)

Prix de l'ouvrage broché : 300 francs ; cartonné : 360 francs.

Tome X. — DOCUMENTS POUR SERVIR A L'ÉTUDE D'AJANTA. LES PEINTURES DE LA PREMIÈRE GROTTE, par Victor GOLOUBEW, membre de l'École Française d'Extrême-Orient.

Le présent volume d'*Ars Asiatica*, attendu avec impatience par de nombreux artistes et érudits, correspond à un besoin qui se faisait de plus en plus sentir depuis qu'Ajantâ, à l'instar d'Angkor et de Boroboudour, est devenu un lieu de pèlerinages esthétiques. Le lecteur y trouvera, présentée sous une forme attrayante, une documentation de première main, aussi complète que précise, sur les fresques de la grotte I, l'une des plus belles et aussi l'une des moins endommagées, dont la splendide décoration murale, les plafonds et les colonnes historiées remontent au VIe siècle de notre ère. Les photographies reproduites dans cet ouvrage furent prises en novembre 1910 sous la direction personnelle de M. Victor Goloubew.

L'ouvrage forme un beau volume in-4° jésus (26,5 × 35 cm.) d'environ 64 pages de texte, illustré de 71 planches hors texte, en héliotypie en deux teintes, d'une carte archéologique, d'un plan de la grotte et de figures dans le texte ou en serpentes des planches.

Prix de l'ouvrage broché : 300 francs ; cartonné : 360 francs.

Ce volume sera suivi, dans le courant de 1930-1931, de la publication de deux autres volumes qui reproduiront les peintures des autres grottes d'Ajantâ.

Tome XI. — LA SCULPTURE BABYLONIENNE ET ASSYRIENNE AU BRITISH MUSEUM, par H.-R. HALL, conservateur des antiquités égyptiennes et assyriennes au British Museum.

Cet ouvrage, dont la plupart des reproductions sont inédites, donne, par son texte et son illustration, un tableau d'ensemble de la merveilleuse collection mésopotamienne d'art asiatique au British Museum. Le texte comporte d'abord une étude d'ensemble sur ces collections, suivie de notices sur toutes les œuvres reproduites.

L'ouvrage forme un beau volume in-4° jésus (26,5 × 35 cm.) d'environ 64 pages de texte, illustré de 60 planches hors texte en héliotypie en deux teintes, reproduisant 150 des plus beaux spécimens de la sculpture babylonienne et assyrienne conservés au British Museum.

Prix de l'ouvrage broché : 300 francs ; cartonné : 360 francs.

(Voir édition anglaise *Babylonian and Assyrian sculpture in the British Museum*, p. 78 de ce catalogue.)

Tome XII. — LES COLLECTIONS ARCHÉOLOGIQUES DU MUSÉE NATIONAL DE BANGKOK, par George CŒDÈS, secrétaire général de l'Institut royal de Siam.

Le texte de cet ouvrage comporte une introduction retraçant l'origine et l'historique du Musée de Bangkok, suivie d'une substantielle étude d'ensemble sur les diverses époques de l'archéologie au Siam, basée sur les œuvres reproduites dans le volume. Chacune des 40 planches est accompagnée d'une notice descriptive.

L'ouvrage forme un beau volume in-4° jésus (26,5 × 35 cm.) d'environ 120 pages de texte, imprimé sur beau papier d'alfa, illustré de 40 planches hors texte en héliotypie en deux teintes, reproduisant 60 des plus beaux spécimens de l'art prékhmèr, khmèr, siamois et indo-malais conservés au Musée de Bangkok.

Prix de l'ouvrage broché : 300 francs ; cartonné : 360 francs

Tome XIII. — MINIATURES ORIENTALES DE LA COLLECTION GOLOUBEW AU MUSEUM OF FINE ARTS DE BOSTON, par Ananda K. Coomaraswamy, avec une préface de M. V. Goloubew.

Parmi les collections les plus remarquables qui existaient en Europe en 1914, il faut mettre au premier rang celle formée par M. Victor Goloubew. Celle-ci renferme des spécimens caractéristiques de toutes les époques connues. Elle appartient depuis 1914 au Museum of Fine Arts de Boston, dont les " Trustees " ont bien voulu autoriser la présente publication.

Chaque miniature est accompagnée d'une substantielle notice de M. Ananda K. Coomaraswamy, le savant conservateur des collections hindoues et musulmanes du Musée de Boston, donnant tous les renseignements connus sur l'attribution et l'origine de l'œuvre, sa filiation, ses dimensions. L'ouvrage est précédé d'un avant-propos de M. Victor Goloubew, qui résume l'historique de la formation de cette collection.

C'est un beau volume in-4° jésus (26,5 × 35 cm.) d'environ 140 pages de texte sur papier d'alfa, illustré de 88 planches hors texte en héliotypie en deux teintes, reproduisant 183 miniatures.

Prix de l'ouvrage broché : 300 francs ; cartonné 360 francs.

PUBLICATIONS DE L'ÉCOLE FRANÇAISE D'EXTRÊME-ORIENT

ÉTUDES ASIATIQUES, publiées à l'occasion du xxve anniversaire de l'École Française d'Extrême-Orient par ses membres et ses collaborateurs.

Cet ouvrage, qui forme les tomes XIX et XX des *Publications de l'École Française d'Extrême-Orient* à Hanoï, contient une trentaine d'études qui sont du plus haut intérêt au point de vue de l'art, de l'archéologie, de l'épigraphie et de la philologie de l'Asie.

L'ouvrage forme deux beaux et forts volumes in-8° jésus (18 × 28 cm.), contenant ensemble plus de 800 pages de texte, illustré de gravures, de cartes et de plans dans le texte et de 60 planches hors texte en héliotypie.

Prix de l'ouvrage complet en deux volumes : 300 francs.

L'ART KHMÈR PRIMITIF, par H. PARMENTIER, chef du Service archéologique de l'École Française d'Extrême-Orient (tomes XXI et XXII des *Publications de l'École Française d'Extrême-Orient*).

L'histoire de l'art khmèr n'avait pas encore été écrite; les merveilles d'Angkor, que tout le monde connaît et admire, n'ont guère plus de mille ans, mais tout un développement artistique a précédé et préparé ce prestigieux épanouissement. C'est cette époque inédite de l'art khmèr que le présent ouvrage désire faire connaître à un public qui s'intéresse de plus en plus aux arts d'Extrême-Orient; elle s'étend du début du VIIe à la fin du VIIIe siècle.

L'ouvrage forme deux beaux volumes de format in-8º jésus (18 × 28 cm.), comprenant :

1º Un volume de texte d'environ 400 pages, illustré de 128 figures d'après des dessins au trait et des photographies.

2º Un album de 100 planches hors texte d'après des dessins architecturaux, dont de nombreuses planches de grand format, repliées.

Prix de l'ouvrage complet en deux volumes : 300 francs.

LE THANH-HOA, étude géographique d'une province annamite, par Charles ROBEQUAIN, docteur ès lettres (tomes XXIII et XXIV des *Publications de l'École Française d'Extrême-Orient*).

La province Thanh-Hoa, composée de deux zones (deltas et montagnes), ni trop vaste, ni trop petite, permet à la fois des observations précises et des vues générales. L'auteur étudie, à la lumière des conditions physiques, de l'ethnographie, de l'histoire et des traditions, les caractères du peuplement; il y analyse l'activité humaine dans ses nuances diverses. Il essaie, enfin, de dégager le sens d'une évolution séculaire et de définir l'œuvre de la France, les possibilités nouvelles qu'elle offre à cette évolution, les transformations évidentes qu'elle a déjà imposées à la physionomie géographique de la province.

Deux beaux volumes in-8º jésus (18 × 28 cm.), comprenant au total plus de 600 pages de texte, accompagnées de 33 cartes et figures dans le texte, de 48 planches hors texte en héliotypie reproduisant 140 photographies soigneusement choisies et enfin 7 cartes hors texte, dont 2 en couleurs au 1/500.000 (hypsométrique et linguistique).

Prix de l'ouvrage complet en deux volumes : 200 francs.

MÉMOIRES ARCHÉOLOGIQUES
PUBLIÉS PAR L'ÉCOLE FRANÇAISE D'EXTRÊME-ORIENT

I. — LE TEMPLE D'IÇVARAPURA (BANTAY SRÈI, CAMBODGE), par L. FINOT, H. PARMENTIER et V. GOLOUBEW.

L'École Française d'Extrême-Orient inaugure par le présent volume ses *Mémoires archéologiques*, suite d'ouvrages de grande envergure, destinés tant aux érudits et spécialistes, qu'aux artistes et amateurs d'art. Parmi les monuments inscrits au programme de cette nouvelle série, figurent le

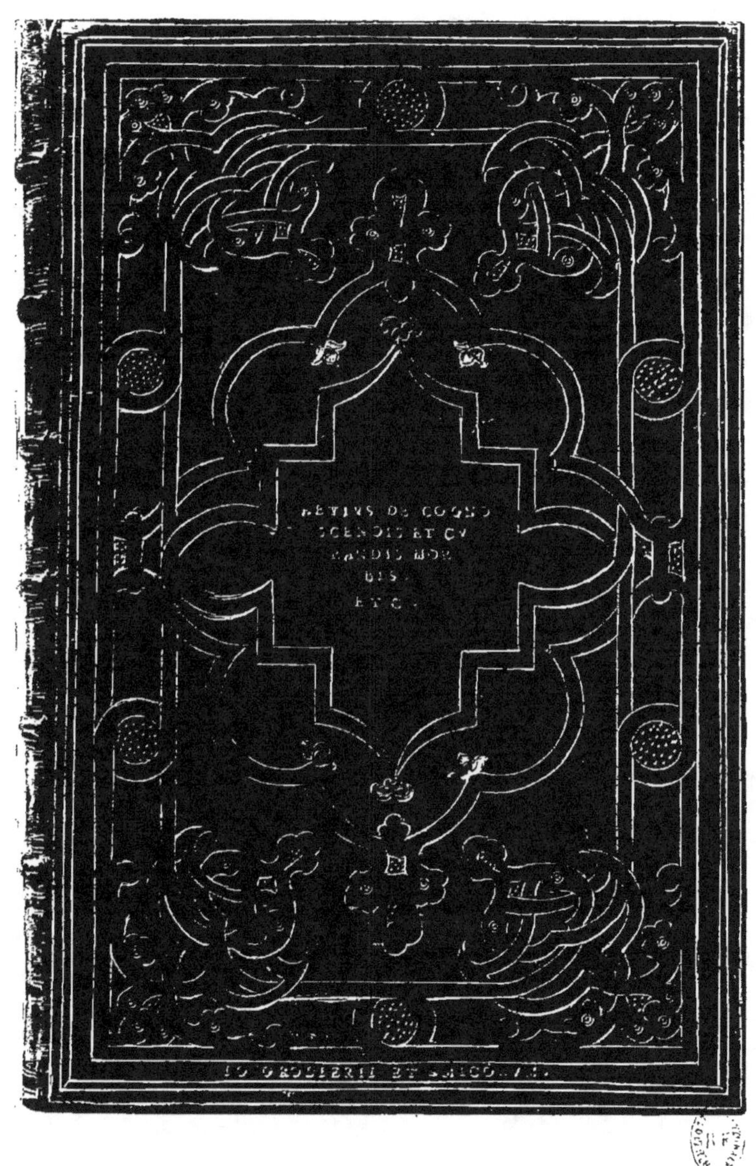

Ætius d'Amide. De cognoscendis et curendis morbis (1533).
Reliure exécutée pour Jean Grolier.
Le Livre français des origines à la fin du Second Empire. Pl. LXXXVIII.

merveilleux ensemble d'Angkor-Vat, avec ses bas-reliefs historiques; le Bayon d'Angkor-Thom; le temple de Confucius à Hanoï, etc.

Le volume consacré au *Temple d'Içvarapura* — que les Cambodgiens appellent Bantāy Srèi — constitue une monographie complète de ce temple, due à la collaboration de trois membres éminents de l'École Française d'Extrême-Orient. C'est une contribution des plus précieuses à la connaissance de l'art et de l'histoire de l'ancien empire khmèr.

L'ouvrage forme un beau volume in-4° jésus (27,5 × 36 cm.) d'environ 150 pages de texte, imprimé sur papier pur chiffon Lafuma, illustré de figures dans le texte et de 72 planches hors texte, dont 59 planches en héliotypie en deux teintes, d'après les admirables sculptures khmères du temple et les estampages des inscriptions, et 13 planches d'après des dessins architecturaux.

Prix de l'ouvrage broché : 300 francs.

II. — LE TEMPLE D'ANGKOR VAT. Première partie : *l'Architecture du monument*. Introduction par Louis Finot.

Le temple d'Angkor Vat est certainement, par l'ampleur de son architecture et par la richesse de sa sculpture, un des monuments les plus importants et les plus caractéristiques du monde entier. L'École Française d'Extrême-Orient a décidé d'entreprendre, en un certain nombre de volumes, la reproduction non seulement des aspects généraux du temple, mais encore la suite complète de tous les détails d'architecture, de sculpture et de décoration.

La première partie de cet ouvrage, qui vient de paraître, est consacrée à l'architecture du monument. Elle forme deux volumes au format in-4° jésus (27,5 × 36 cm.), comprenant ensemble, outre une introduction générale de M. Louis Finot, 150 planches hors texte tirées en héliotypie en deux teintes et reproduisant la série complète de tous les détails architecturaux du monument.

Prix des deux volumes de la première partie : 400 francs.

MÉMOIRES DE LA DÉLÉGATION ARCHÉOLOGIQUE FRANÇAISE EN AFGHANISTAN

LES ANTIQUITÉS BOUDDHIQUES DE BĀMIYĀN, par A. Godard, Y. Godard et J. Hackin. Avec notes additionnelles de M. Paul Pelliot, membre de l'Institut (*Tome II des Mémoires de la Délégation archéologique française en Afghanistan*).

Cet ouvrage forme un beau volume in-4° jésus (28 × 38 cm.) de plus de 100 pages de texte, illustré de nombreuses figures et de plans dans le texte, et de 48 planches hors texte, dont 44 planches en héliotypie en deux teintes et 4 planches en couleurs (héliochromie). Cette illustration reproduit les idoles colossales de Bāmiyān, la décoration des grottes, les peintures des niches, etc. Tous les matériaux de ce travail sont complètement inédits et seront une révélation pour tous ceux qui s'intéressent à l'art d'Extrême-Orient.

Prix de l'ouvrage broché : 300 francs.

BULLETIN ARCHÉOLOGIQUE DU MUSÉE GUIMET

Comité de direction : MM. L. FINOT, V. GOLOUBEW, J. HACKIN, Sylvain LÉVI, A. MORET, Paul PELLIOT.

Chaque fascicule, de format petit in-4°, est illustré de 4 planches hors texte en héliotypie. Le prix des fascicules est variable et en rapport avec l'importance du fascicule.

Fascicules parus :

I. — SALLE ÉDOUARD CHAVANNES. *Missions : Édouard Chavannes*, 1907; *Victor Segalen, Gilbert de Voisins et Jean Lartigue*, 1914; *Victor Segalen*, 1917. Études de MM. D'ARDENNE DE TIZAC, Jean LARTIGUE, Sylvain LÉVI, A. MORET, Paul PELLIOT et Paul VITRY.

Un volume petit in-4° de 80 pages, illustré de 4 planches hors texte en héliotypie.

Prix : 18 francs.

II. — ASIE CENTRALE ET TIBET. *Missions Pelliot et Bacot*. Études de MM. J. BACOT, Joseph HACKIN et Paul PELLIOT.

Un volume petit in-4° d'environ 40 pages, illustré de 4 planches hors texte en héliotypie.

Prix : 10 francs.

L'ART AU JAPON

KÔRIN, par Yone NOGUCHI. Traduction française de Mlle M.-E. MAITRE.

Cet ouvrage, consacré à l'un des plus grands artistes japonais, est illustré de plusieurs bois originaux dans le texte, ainsi que des fac-similés des sceaux de Kôrin, d'une planche en couleurs en frontispice et de 10 planches hors texte en héliotypie.

Un volume in-4° couronne (19 × 25 cm.).

Prix : 30 francs.

HIROSHIGE, par Yone NOGUCHI. Traduction française de Mlle M.-E. MAITRE.

Hiroshige est certainement l'artiste le plus curieux et le plus suggestif du Japon, qui a produit tant de maîtres curieux et suggestifs. Le présent volume, qui lui est consacré, est illustré de bois

Tête de Bodhisattva.

V. GOLOUBEW. — *Ajanta, les peintures de la première grotte. Pl. XVI.*

originaux, de fac-similés de sceaux et de signatures de Hiroshige et de 19 planches hors texte en héliotypie d'après ses œuvres les plus caractéristiques.

Un volume in-4º couronne (19 × 25 cm.).

Prix : 30 francs.

HOKUSAI, par Yone Noguchi. Traduction française de Mlle M.-E. Maitre.

De tous les peintres japonais Hokusai est peut-être celui dont le nom est le plus connu en Europe. Son art simple et profond, son amour pour les sujets vivants et humains ont rendu populaire l'œuvre du " vieillard fou de dessin ".

Un volume in-4º couronne (19 × 25 cm.), illustré de bois originaux et de 16 planches hors texte en héliotypie.

Prix : 30 francs.

UTAMARO, par Yone Noguchi. Traduction française de Mlle M.-E. Maitre.

Utamaro est par excellence le peintre de la femme. Nul mieux que lui n'a su rendre par la pureté de la ligne et la délicatesse du coloris la grâce des attitudes et la douceur des physionomies féminines, en comprendre et en révéler les secrets.

Un volume in-4º couronne (19 × 25 cm.), illustré d'un bois original et de 16 planches hors text en héliotypie.

Prix : 30 francs.

ANNALES DU MUSÉE GUIMET

BIBLIOTHÈQUE D'ART. — NOUVELLE SÉRIE

I. — LA SCULPTURE CHINOISE DU Ve AU XIVe SIÈCLE. 900 spécimens en pierre, bronze, laque et en bois provenant principalement du nord de la Chine, reproduits sur 624 planches, accompagnés d'un texte descriptif et d'une introduction sur l'évolution de la sculpture chinoise du ve au xive siècle, par Osvald Sirén, professeur à l'Université de Stockholm.

Cet ouvrage capital est complet en cinq volumes in-4º raisin (22,5 × 32,5 cm.), comprenant au total 624 planches hors texte en héliotypie, reproduisant plus de 900 spécimens de la sculpture chinoise du ve au xvie siècle, et environ 450 pages de texte. *Épuisé ; reste deux exemplaires*

Prix net : 2.800 francs.

II. — LES PEINTURES CHINOISES DANS LES COLLECTIONS AMÉRICAINES, par Osvald SIRÉN.

Les collections de peintures chinoises que renferment les musées de Boston et de Washington sont parmi les plus riches et les plus belles du monde. Ce sont aussi les plus ignorées. Nous comblons donc une regrettable lacune en publiant les magnifiques reproductions que compte cet ouvrage et qu'accompagnent une ample introduction et des notices excellentes de M. O. SIRÉN.

L'ouvrage comporte cinq séries au format in-folio (32 × 42 cm.), contenant au total, outre le texte, 200 planches hors texte admirablement tirées en héliotypie en deux teintes.

Prix de l'ouvrage complet (5 séries) : 1.000 francs.

Un portefeuille en toile pleine, avec rabats et attaches, peut être fourni au prix de 80 francs.

(Voir édition anglaise *Chinese Paintings in American Collections*, p. 79 de ce catalogue.)

III. — HISTOIRE DES ARTS ANCIENS DE LA CHINE, par Osvald SIRÉN.

Cet ouvrage a pour but de dresser un vaste tableau de l'évolution des styles dans l'art de la Chine, dont il étudie les diverses formes, dans leur ordre chronologique :

TOME I : *La Période préhistorique ; l'art de l'époque Tcheou, et de l'époque Tch'ou et Ts'in.*

TOME II : *Les Arts décoratifs au début de l'époque Han à la fin des six dynasties.*

TOME III : *La Sculpture chinoise de l'époque Han à l'époque Ming.*

TOME IV : *L'Architecture chinoise de l'époque Han à l'époque Ts'ing.*

TOME V : *Les Arts décoratifs des époques T'ang et Song.*

TOME VI : *La Peinture chinoise de l'époque Han à l'époque Ts'ing.*

L'ouvrage sera complet en six volumes. Chaque volume de format in-4° raisin (23 × 32,5 cm.) comportera de 90 à 128 planches hors texte, en héliotypie, et de 80 à 100 pages de texte ; l'ensemble de l'illustration comprendra environ 2.000 spécimens de l'art chinois.

Prix de l'ouvrage complet en souscription : 1.500 francs, payables à raison de 250 francs à la livraison de chaque volume.

Prix de chaque volume pris séparément : 300 francs.

LES PALAIS IMPÉRIAUX DE PÉKIN. 274 planches hors texte en héliotypie, d'après les photographies de l'auteur et 14 plans et cartes, précédées d'une étude historique, par Osvald SIRÉN, professeur à l'Université de Stockholm.

Les Palais impériaux de Pékin sont indubitablement les monuments architecturaux les plus importants qui existent dans la capitale de la Chine. Beaucoup de ces palais sont relativement peu connus, pour la simple raison qu'ils ont toujours été inaccessibles aux étrangers. Cependant, leur importance pour l'étude de l'architecture et de la décoration chinoise est telle que l'ouvrage que nous annonçons ici sera dorénavant indispensable à tous ceux que préoccupe la civilisation de la Chine.

L'ouvrage forme trois volumes contenant, outre 14 plans et cartes, 274 planches hors texte d'après les photographies de l'auteur. Cette documentation unique reproduit non seulement toutes les constructions architecturales, mais aussi les décorations intérieures et les paysages les plus charmants compris dans les enceintes des Palais de Pékin. Toutes les planches sont munies de légendes en français et en anglais et de titres en caractères chinois qui ajouteront encore à leur importance comme documents pour l'étude de l'histoire et de l'art chinois. Les planches sont précédées d'une introduction générale qui comporte toutes les données historiques relatives aux divers palais. Cette notice, comme les illustrations, est divisée en trois parties : 1° *la Cité pourpre interdite* ; 2° *les Palais des lacs* ; 3° *les Palais d'été.*

L'ouvrage est complet en trois beaux et forts volumes in-4° raisin (25 × 32,5 cm.), qui contiennent au total, outre le texte, 274 planches hors texte admirablement tirées en héliotypie en deux teintes et 14 plans et cartes.

Prix de l'ouvrage complet en trois volumes : 750 francs.

(Voir édition anglaise *Imperial Palaces of Peking*, p. 78 de ce catalogue.)

L'ART A JAVA. — LES TEMPLES DE LA PÉRIODE CLASSIQUE INDO-JAVANAISE. Tjandi Kalasan, Tjandi Mandout, Boroboudour, Tjandi Prambanan, par M.-P. VERNEUIL.

Ces monuments, où l'exubérance de la vie des tropiques transparaît à travers la rigueur et l'abstraction de l'architecture hindoue, peuvent compter parmi les œuvres les plus accomplies de tous les temps. A cette heure où les temples de Boroboudour et de Prambanan attirent de véritables pèlerinages artistiques, il nous a paru intéressant de réunir et de présenter un ensemble de documents pris par l'auteur à Java, qui permettront d'entrevoir à quel degré de perfection sut atteindre, au cours du IXe siècle, l'art ornemental indo-javanais alors à son apogée.

L'ouvrage forme un beau volume in-4° carré (22,5 × 29 cm.) de 92 pages, illustré de 96 planches hors texte en héliotypie en deux teintes représentant 120 des plus beaux spécimens d'architecture et de sculpture des temples décrits dans ce volume.

Prix de l'ouvrage broché : 220 francs.

UN EMPIRE COLONIAL FRANÇAIS : L'INDOCHINE, publié sous la direction de M. Georges MASPERO.

Le plan de notre publication comprend deux parties qui correspondent à chacun des deux volumes de l'ouvrage : dans la première se trouve retracée l'histoire des peuples indochinois et de leurs civilisations jusqu'à l'arrivée des Européens; la seconde montre ce qu'est devenue l'Indochine sous l'administration française : son organisation sociale, son développement matériel, la mise en œuvre de ses richesses artistiques.

Une illustration particulièrement abondante, une cartographie dressée d'après la plus récente documentation rendent cet ouvrage, dont le texte est complété par une ample bibliographie et un index, indispensable à tous ceux qu'à un titre quelconque intéresse l'Indochine.

L'ouvrage comprendra deux forts volumes in-4° raisin (25 × 32,5 cm.), comportant au total environ 450 pages de texte illustré de près de 400 figures dans le texte, de 48 planches hors texte en héliogravure, de 11 cartes hors texte, dont 6 en couleurs, et de 6 compositions originales hors texte.

Prix de l'ouvrage en souscription : 150 francs le volume.

Le premier volume vient de paraître; le second paraîtra en décembre 1929. On souscrit à l'ouvrage complet.

BRONZES ANTIQUES DE LA CHINE, appartenant à C. T. Loo et Cᵒ, par M. Tch'ou Tö-yi. Avec une préface et des notes de M. Paul Pelliot, membre de l'Institut.

De l'avis des spécialistes les plus réputés, la collection de bronzes chinois archaïques reproduite ici est la plus importante qui soit encore venue en Europe. Il est donc hors de doute que cet ouvrage sera promptement recherché par tous les amateurs de l'art chinois.

Les belles planches de cet ouvrage sont accompagnées de notices descriptives en français et en anglais de M. Tch'ou Tö-Yi, enrichies d'une préface et de notes personnelles de M. Paul Pelliot, membre de l'Institut.

L'ouvrage forme un beau volume in-4º jésus (26,5 × 35 cm.) de 72 pages de texte, sur papier pur chiffon Lafuma, illustré de 40 belles planches hors texte en héliotypie en deux teintes.

Prix de l'ouvrage broché : 250 francs.

LA SCULPTURE AU SIAM, par Alfred Salmony, conservateur adjoint du Musée d'Art asiatique à Cologne.

Cet ouvrage, conçu au double point de vue artistique et historique, est le premier consacré à la sculpture siamoise. Dans son texte, divisé en 12 chapitres, l'auteur recherche les origines de la sculpture siamoise et il étudie ensuite le développement de cet art, les diverses phases de son évolution, les centres où il a fleuri, les influences qu'il a subies et la chronologie des œuvres. L'auteur démontre, notamment, quels sont les caractères propres à la sculpture siamoise, en quoi et de quelle façon il y a lieu de la distinguer de l'art khmèr et de l'art javanais. Le texte de l'auteur, qui apporte beaucoup de clarté en la matière et permettra de nombreuses rectifications d'attributions, est suivi d'une bibliographie et d'une chronologie des œuvres.

L'ouvrage forme un beau volume in-4º raisin (23 × 32 cm.), illustré de 70 planches hors texte, dont 3 planches en couleurs et 67 planches en héliotypie, reproduisant 95 spécimens des plus remarquables de la sculpture siamoise.

Prix de l'ouvrage broché : 300 francs.

UN ROYAUME DISPARU. LES CHAMS ET LEUR ART, par Jeanne Leuba. Avec une préface de M. Louis Finot.

Ce volume nous offre l'histoire d'un royaume disparu qui a connu des siècles de grandeur et dont les monuments méritent l'attention des artistes et des savants. Sa lecture est utile pour tous ceux qui s'intéressent à l'Inde et à l'expansion de sa culture vers les îles de l'Archipel et le littoral du Pacifique. Les planches qui accompagnent le texte constituent une documentation artistique et archéologique de premier ordre.

L'ouvrage est précédé d'une préface de M. Louis Finot qui constitue une analyse approfondie des explorations et des missions archéologiques entreprises dans l'Annam — l'ancien Champa — depuis 1885 jusqu'à nos jours.

Un beau volume in-8º raisin (16 × 25 cm.) de plus de 200 pages de texte, contenant une carte archéologique de l'Annam, 24 planches hors texte en héliotypie et 3 gravures dans le texte en pleine page.

Prix de l'ouvrage broché : 60 francs.

Temple d'Içvarapura.
Angle sud-est du Sanctuaire central.
L. Finot, V. Goloubew et H. Parmentier. — *Le Temple d'Içvarapura. Pl. 16.*

LE ROYAUME DE CHAMPA, par Georges MASPERO.

Récit des guerres innombrables que le royaume hindou de Champa, aujourd'hui l'Annam, eut à soutenir ou entreprit contre ses puissants voisins du Tonkin et du Cambodge, cet ouvrage retrace en 300 pages d'un puissant intérêt l'histoire de cette civilisation chame qui sombra sous la poussée annamite après un règne de près de douze siècles.

L'ouvrage forme un beau volume in-8º jésus (19 × 28 cm.) d'environ 300 pages de texte, illustré de 40 planches hors texte en héliotypie reproduisant 71 figures.

Prix de l'ouvrage broché : 160 francs.

COSTUMES ET PARURES KHMÈRS, par Mlle S. MARCHAL.

Ce livre, répertoire de l'orfèvrerie et de la parure féminine khmères, est destiné d'abord aux amis et aux connaisseurs de l'art cambodgien. Mais cette suite de planches qui reproduit avec exactitude les coiffures et les vêtements dont se parent les Devata sculptés aux murs d'Angkor, intéresse aussi tous les artistes appelés à créer des objets de style ou à composer des ensembles décoratifs.

L'ouvrage forme un volume in-8º (16 × 21 cm.) de 80 pages de texte, illustré de 43 reproductions en pleine page et de plusieurs figures dans le texte d'après des dessins de l'auteur.

Prix, broché : 30 francs.

GUIDE ARCHÉOLOGIQUE AUX TEMPLES D'ANGKOR, par H. MARCHAL, conservateur du groupe d'Angkor.

Il devenait indispensable de mettre à la disposition des touristes, que de nouvelles routes acheminent de plus en plus nombreux vers Angkor, un guide qui leur facilitât la visite de ces monuments dispersés sur une large étendue et dont la tenue scientifique leur permît d'en tirer tout le profit qu'ils peuvent en attendre.

Un volume in-8º carré (14 × 22 cm.) de 228 pages, illustré de figures et de plans dans le texte, de 3 cartes et de 16 planches hors texte en simili-gravure.

Prix, broché : 30 francs.

LES LAQUES D'EXTRÊME-ORIENT, par Mlle M -J. BALLOT.

Ce petit ouvrage résume l'état actuel de nos connaissances sur la technique de cet art difficile et étudie successivement dans leur ordre chronologique les principaux artistes de Chine et du Japon en leur production en laques peints, sculptés et incrustés.

Un volume in-8º (16 × 21 cm.) de 47 pages de texte, illustré de 32 planches hors texte en héliotypie.

Prix, broché : 18 *francs.*

(Dans la collection *Architecture et Arts décoratifs*, voir p. 65 de ce catalogue.)

GUIDE-CATALOGUE DU MUSÉE GUIMET. Les collections bouddhiques (Exposé historique et iconographique). *Inde centrale et Gandhara, Turkestan, Chine septentrionale, Tibet*, par J. HACKIN, conservateur du Musée Guimet.

Un beau volume in-8° coquille (14 × 22 cm.) de 180 pages de texte, illustré de 24 planches hors texte.

Prix, broché : 18 francs.

COLLECTION PHILIPON, ASIE CENTRALE ET EXTRÊME-ORIENT. Catalogue précédé d'un avant-propos, par J. HACKIN, conservateur du Musée Guimet.

La collection d'œuvres et d'objets d'art d'Extrême-Orient de M. René Philipon est l'une des plus remarquables collections particulières que l'on connaisse en France. M. René Philipon, membre du Comité conseil du Musée Guimet, a libéralement abandonné à cette institution la nue propriété de sa collection, résultat de vingt années de recherches, d'études et de sacrifices.

Un volume in-8° carré de 56 pages de texte, illustré de 8 planches hors texte en héliotypie, reproduisant 14 pièces des plus remarquables de la collection.

Prix, broché : 12 francs.

EXPOSITION DE RÉCENTES DÉCOUVERTES ET DE RÉCENTS TRAVAUX ARCHÉOLOGIQUES EN AFGHANISTAN ET EN CHINE. Catalogue précédé d'une notice de M. André GODARD.

Un volume in-16.

Prix : 5 francs.

Angkor Vat.
La tour centrale. — Vue prise du sud-est.
Le temple d'Angkor Vat. Pl. 150.

V. — ARCHITECTURE. ART DÉCORATIF, ARTS APPLIQUÉS

ARCHITECTURE ET ARTS DÉCORATIFS

Collection publiée sous la direction de M. L. HAUTECŒUR.

Il existe plusieurs collections consacrées aux grands artistes, peintres et sculpteurs, mais qui négligent fort souvent les architectes et les artistes décorateurs. La présente collection, dirigée par M. L. Hautecœur, conservateur adjoint des Musées nationaux, a pour but de combler cette lacune. La série des volumes formera une véritable histoire de l'architecture et des arts décoratifs : mobilier, tapisserie, céramique, orfèvrerie, etc., dans chaque pays. Ces volumes seront rédigés par des spécialistes désignés par leurs études antérieures.

Volumes parus :

Le Mobilier français d'aujourd'hui, par Pierre OLMER.

L'Architecture lombarde de la Renaissance, par Ch. TERRASSE.

La Manufacture de Jouy et la toile imprimée au XVIIIe siècle, par H. CLOU-ZOT.

Le Goût du moyen âge au XVIIIe siècle, par René LANSON.

La Renaissance du mobilier français, par Pierre OLMER.

La Céramique du pays d'Auge, par Ét. DEVILLE.

Les Laques d'Extrême-Orient, par Mlle M.-J. BALLOT.

La Verrerie française depuis cinquante ans, par L. ROSENTHAL.

L'Art décoratif au temps du romantisme (Le Style troubadour), par P. SCHOMMER.

La Décoration byzantine, par André GRABAR.

Sous presse :

La Céramique française moderne, par Marcel VALOTAIRE.

La Reliure française, par Et. DEVILLE (tome I).

D'autres volumes sont en préparation, pour lesquels nous nous sommes assuré la collaboration de MM. J. Alazard, Marcel Aubert, Mario Labo, Robert Rey, Louis Réau, etc.

Chaque volume, de format in-8° (16 × 21 cm.), contient de 32 à 60 pages de texte et 32 planches hors texte en héliotypie.

Prix du volume broché : 18 *francs.*

L'ARCHITECTURE FRANÇAISE DE JEAN MARIETTE. Réimpression de l'édition originale de 1727, publiée par les soins de Louis HAUTECŒUR, conservateur adjoint des Musées nationaux, professeur à l'École nationale des Beaux-Arts.

Le célèbre éditeur Jean MARIETTE a publié sous le titre ci-dessus, en 1727, un très précieux recueil de gravures qui sont des exemples accomplis de l'architecture française du XVIIIe siècle et qui reproduisent la plupart des hôtels et châteaux construits à cette époque. L'œuvre originale est formée de trois volumes qui comprennent ensemble plusieurs centaines de planches. Le tome III comporte un grand nombre de planches consacrées aux intérieurs et à la décoration. Cet ouvrage, qui n'a jamais été réimprimé, est de la plus grande rareté et atteint aujourd'hui un prix prohibitif. Nous avons donc décidé d'entreprendre une réédition fac-similée soigneusement établie de cette œuvre indispensable aux amateurs, aux architectes, aux décorateurs.

Les 12 séries de l'ouvrage contiennent chacun, outre le texte, la valeur d'environ 600 planches hors texte simples, au format in-folio (31 × 45 cm.) de l'édition originale. Ces planches sont des fac-similés des planches originales.

Prix de l'ouvrage complet en 12 séries : 1.800 francs.

Les 12 séries sont fournies en 3 portefeuilles, dos et coins toile, munis d'attaches et de rabats.

LES ÉBÉNISTES DU XVIIIe SIÈCLE. LEURS ŒUVRES ET LEURS MARQUES, par le comte François DE SALVERTE. Ouvrage contenant un millier de notices présentées dans l'ordre alphabétique avec de nombreuses planches hors texte. (*Deuxième édition, revue et augmentée*).

L'ouvrage forme un beau et fort volume in-4° raisin (25 × 32,5 cm.) de 368 pages de texte, avec 66 planches hors texte en héliotypie, reproduisant 155 spécimens d'ameublement, outre un remarquable portrait de Riesener. *Épuisé.*

L'ÉGLISE SAINTE-GUDULE A BRUXELLES. Étude archéologique, par R. MAERE, professeur à l'Université de Louvain.

L'église Sainte-Gudule à Bruxelles, dans son état actuel, présente des attaches avec toutes les périodes du style gothique, mais elle est surtout intéressante pour l'évolution du gothique brabançon qu'elle caractérise d'une manière plus complète que n'importe quel autre édifice.

L'église Sainte-Gudule a toujours attiré l'attention des historiens et des archéologues, tant par la beauté et l'intérêt de son architecture, de ses vitraux ou plus simplement par son histoire. Il n'existait cependant aucun travail d'ensemble sur ce monument et le présent volume constitue la première monographie complète et définitive, un modèle du genre, sur la célèbre collégiale bruxelloise.

Un volume in-4° carré (22 × 29 cm.) de 88 pages, illustré de 41 reproductions dont 33 dans le texte et 8 planches en pleine page.

Prix de l'ouvrage broché : 30 francs.

L'ARCHITECTURE DES PAYS-BAS MÉRIDIONAUX (Belgique et nord de la France) aux xvie, xviie et xviiie siècles, par Paul PARENT.

Cet ouvrage constitue une histoire de l'architecture en Belgique et dans le nord de la France, depuis le début du xvie siècle jusqu'à la fin du xviiie. Cette étude fait ressortir la puissante originalité ainsi que la haute valeur esthétique des monuments édifiés par les maîtres d'œuvres et architectes flamands et brabançons, mosans et hennuyers. Elle restitue à chacune des villes des anciens Pays-Bas méridionaux : Arras, Saint-Omer, Cambrai, Douai, Lille, Tournai, Namur, Luxembourg, Liége, Bruges, Furnes, Bruxelles, Louvain, Malines, Anvers, etc., la part prise par elles dans la magnifique floraison d'édifices religieux et civils qui portent le sceau de la Renaissance.

L'ouvrage forme un beau et fort volume in-4° carré (22,5 × 29 cm.) de 250 pages de texte, illustré de 32 planches de dessins et de 56 planches hors texte en héliotypie, reproduisant ensemble plus de 400 croquis, vues de monuments civils et religieux, etc.

Prix de l'ouvrage broché : 200 francs.

LE LOUVRE ET LES TUILERIES DE LOUIS XIV, par Louis HAUTECŒUR, conservateur adjoint des Musées nationaux, professeur à l'École nationale des Beaux-Arts.

Dans ce livre, qui, sur bien des points, est une véritable révélation, le Louvre du xviie siècle est, pour la première fois, étudié en détail à l'aide de documents, pour la plupart ignorés, que M. HAUTECŒUR a découverts et contrôlés dans le meilleur esprit critique. Ainsi sont placées dans leur décor exact les premières années du règne de Louis XIV, et l'histoire de ce prince, éclairée d'un jour nouveau, prend sa signification véritable.

L'ouvrage forme un beau volume in-4° carré (22,5 × 29 cm.) de 248 pages, illustré de plans et d'ornementations dans le texte et de 48 planches hors texte en héliotypie.

Prix du volume broché : 180 francs.

CHANTILLY AU XVIIIe SIÈCLE, par le comte Ernest DE GANAY.
Ouvrage couronné par l'Académie française (Prix Bordin, 1926).

Au xviiie siècle, les princes de Condé rebâtirent en partie la demeure de Chantilly et lui donnèrent les plus somptueux accompagnements que l'on ait encore vus en France, Versailles et Fontainebleau exceptés. Les écuries de Chantilly, le jeu de Paume, le château d'Enghien, les pavillons des jardins, les dépendances sont parmi les pages les plus glorieuses de l'architecture française. Ce sont ces architectures et ces jardins, les fêtes et la vie à la cour des Condés, que l'auteur a mis en lumière dans l'ouvrage annoncé ici.

L'ouvrage forme un beau volume in-4° carré (22,5 × 29 cm.) d'environ 140 pages de texte sur beau papier d'alfa, illustré de 40 planches en héliotypie en deux teintes reproduisant 63 sujets choisis parmi les plus curieux et les plus caractéristiques : plans, vues du château, des jardins et des pavillons, portraits, scènes de chasse, boutons d'habit, etc., d'après des tableaux, des dessins, des aquarelles, des estampes de l'époque.

Prix de l'ouvrage broché : 125 francs.

LES CHÂTEAUX DE NORMANDIE, par Henry Soulange-Bodin.

Le but de cet ouvrage est de mettre sous les yeux de l'élite artistique du public l'admirable et vaste ensemble des châteaux de Normandie qui, par leur diversité et leur richesse, forment un véritable résumé du meilleur goût architectural et décoratif français de la Renaissance au xviiie siècle. Les excellentes notices de M. Henry Soulange-Bodin, dont les matériaux sont en très grande partie inédits, sont abondamment illustrées de reproductions qui donnent une idée très complète de l'aspect extérieur et de l'aménagement des châteaux.

L'ouvrage comprendra deux volumes in-4º raisin (25 × 32,5 cm.). Le premier volume vient de paraître et comprend les châteaux de la Manche et du Calvados; il comporte 160 pages de texte sur papier d'alfa, illustré de 78 planches hors texte en héliotypie, donnant au total 99 reproductions d'aspects extérieurs et de décoration intérieure empruntés à 25 des plus beaux châteaux de la Manche et du Calvados.

Prix du tome I broché : 250 francs.

A.-G. PERRET ET L'ARCHITECTURE DU BÉTON ARMÉ, par Paul Jamot, conservateur adjoint au Musée du Louvre.

Auguste Perret peut être considéré comme un des créateurs de l'architecture du béton armé. Connues et vantées depuis longtemps à l'étranger, ses conceptions rigoureusement logiques et ennemies de tout ornement inutile s'imposent aujourd'hui en France, où son architecture apparaît comme une continuation des grandes Écoles classiques.

L'ouvrage forme un beau volume in-4º carré (22,5 × 29 cm.) de 104 pages, illustré de plans et d'ornementations dans le texte et de 48 planches hors texte en héliotypie.

Prix de l'ouvrage broché : 120 francs.

LA DÉCORATION ARTISTIQUE DES BUFFETS D'ORGUES, par Georges Servières.

Cet ouvrage, dont l'élaboration a coûté à l'auteur de longues années de recherches patientes, constitue une histoire de la décoration artistique des orgues dans toutes les contrées de l'Europe, depuis l'antiquité jusqu'à nos jours.

Uniquement conçu en vue de l'étude ornementale de l'instrument, le livre de M. Servières se présente heureusement allégé de tout ce que pouvaient avoir d'aride aux yeux des profanes des considérations trop spéciales sur la technique de la facture des orgues.

L'ouvrage forme un fort volume in-4º carré (22,5 × 29 cm.) de 240 pages de texte, illustré de 48 planches hors texte en héliotypie, reproduisant 70 spécimens des plus beaux buffets d'orgues de la France et de l'étranger, remarquables par leur architecture et par leur décoration peinte et sculptée.

Prix de l'ouvrage broché : 150 francs.

ALBUM DU VIEUX GAND. *Vues monumentales et pittoresques de la ville de Gand à travers les âges, accompagnées de notices historiques,* par Paul Bergmans et Armand Heins.

Tous les monuments qui donnent à la cité sa physionomie typique sont commentés et se trou-

Le Bouddha de Kakrak.
A. et Y. GODARD et J. HACKIN. — *Les antiquités bouddhiques de Bamiyàn. Pl. XIV.*

vent reproduits dans les nombreuses et superbes planches de grand format qui suivent immédia-
tement les études des auteurs.

L'ouvrage forme un beau volume grand in-4º (28 × 37,5 cm.), comportant 40 pages de texte
et 56 planches hors texte, dont 4 en couleurs d'après des aquarelles de M. Armand HEINS, 44 en
phototypie et 8 en typogravure. Le tirage est limité à 450 exemplaires.

Prix de l'ouvrage broché : 80 francs.

PUBLICATIONS DU COMITÉ DU VIEUX BRUXELLES

PRÉFACE-PROGRAMME, par Charles BULS.

Petit in-4º de 24 pages avec, en hors texte, la reproduction de l'ancienne cuve de Bruxelles,
d'après la carte de Ferrari.

Prix : 6 francs.

L'ÉVOLUTION DU PIGNON A BRUXELLES, par Charles BULS.

Album petit in-4º, contenant 22 planches hors texte et une étude de 20 pages.

Prix : 15 francs.

VIEUX BRUXELLES, par G. DESMAREZ, archiviste de la Ville de Bruxelles.

Album contenant 50 planches hors texte, d'après les œuvres architecturales les plus caractéristiques
du XIIIᵉ au XVIIIᵉ siècle, précédées d'une étude sur l'évolution historique et architecturale de
Bruxelles, mise en rapport avec les planches.

Prix : 18 francs.

Édition anglaise : *Old Brussels* (Voir page 79 de ce catalogue).
Édition allemande : *Das Alte Brüssel.*

ABBAYES ET MONASTÈRES DE BELGIQUE, *leur importance et leur rôle dans le développement du pays*, par Édouard MICHEL.

Dans cet ouvrage, l'auteur montre sur quelles solides assises rurales et religieuses s'est effectué
le développement des villes en Belgique et comment les grandes abbayes ont, du VIIᵉ au XIIᵉ siècle,
contribué à la création du milieu où pourront grandir plus tard Ypres, Bruges et Gand. Ce texte

7

est suivi d'une centaine de notices sur des abbayes fondées dans les Pays-Bas avant la fin du xiiie siècle, comportant notamment une excellente bibliographie.

Un beau volume in-8º couronne (12,5 × 19 cm.) de 280 pages de texte et 48 planches hors texte reproduisant les abbayes les plus remarquables ou les plus caractéristiques de la Belgique.

Prix de l'ouvrage broché : 25 francs.

HOTELS DE VILLE ET BEFFROIS DE BELGIQUE, par Ed. Michel.

Une histoire de la vie sociale et économique de la Belgique, illustrée par ses monuments civils.
Un volume in-16, illustré de 24 planches hors texte.

Prix : 6 francs.

L'ISOLEMENT DES VIEILLES ÉGLISES, par Ch. Buls.

Étude substantielle et clairement raisonnée dans laquelle l'auteur examine la question du dégagement des cathédrales d'Anvers et de Tournai, de l'église Saint-Pierre à Louvain, ainsi que la collégiale de Sainte-Gudule.

Prix : 5 francs.

LA RUE ISABELLE ET LE JARDIN DES ARBALÉTRIERS, par Victor Tahon.

Une monographie de l'un des coins les plus curieux du vieux Bruxelles.
Un volume in-4º, illustré de 33 reproductions dans le texte et hors texte.

Prix : 7 fr. 50.

LA DESTRUCTION DES MONUMENTS SUR LE FRONT OCCIDENTAL, par Auguste Marguillier.

Ouvrage extrêmement documenté sur les déprédations commises pendant la guerre contre l'art et les monuments, en Belgique, en France et en Italie. Un volume in-8º, illustré de 49 photogravures hors texte.

Prix : 10 francs.

LA GUERRE ET LES ŒUVRES D'ART EN BELGIQUE, par le baron H. Kervyn de Lettenhove, membre de la Commission royale des Monuments et des Sites.

Un grand nombre de monuments d'architecture et d'œuvres d'art ont été détruits au cours de la guerre qui a ensanglanté la Belgique. Il a paru utile à l'auteur de cet ouvrage d'examiner quels ont été les excès commis en Belgique contre l'Art et ses manifestations les plus hautes : à Visé

Hia-ma et son crapaud.
O. Sirén. — *Les Peintures Chinoises dans les collections américaines. Pl. 176.*

Dinant, Tongres, Aerschot et Louvain, à Malines, Lierre, Termonde et Anvers, sur l'Yser, à Ypres, Furnes, Nieuport et Dixmude.

Un volume de 192 pages de format grand in-8º (19 × 24 cm.), illustré de 123 gravures dans le texte, reproductions de monuments, de ruines, de tableaux et d'objets d'art détruits ou mutilés pendant la guerre.

Prix : 10 francs.

LE VILLAGE RECONSTITUÉ, par Joseph Reinach.

Considérations sur la reconstitution des villages détruits au cours de la guerre. L'auteur préconise la reconstitution des villages, des chaumières, des fermes, des églises, nés du sol de chaque province et en ayant la ressemblance, dans leur caractère d'autrefois.

Une plaquette de luxe, in-16 de 28 pages.

Prix : 2 fr. 50.

LES ORFÈVRERIES ANCIENNES CONSERVÉES AU TRÉSOR DE HAL, par l'abbé F. Crooy.

Un bel ouvrage in-4º, contenant 23 planches hors texte, en héliotypie, reproduisant l'ensemble et les détails des merveilleuses pièces d'orfèvrerie ancienne conservées à l'église de Hal. Les 60 pages de texte qui accompagnent ces planches constituent une suite de monographies sur ces objets précieux, donnant des détails techniques et historiques du plus haut intérêt.

Prix de l'ouvrage broché : 36 francs.

Édition de luxe. — Il a été tiré de cet ouvrage 12 exemplaires de luxe, numérotés de I à XII, sur papier Impérial du Japon.

Prix des exemplaires de luxe : 85 francs.

L'ANCIENNE INDUSTRIE DU CUIVRE A MALINES. *La Fonderie du laiton et du bronze,* par le Dr. G. Van Doorslaer, président du Cercle archéologique de Malines.

Un beau volume in-8º raisin (16 × 25 cm.) de 212 pages, illustré de 39 planches hors texte.

Prix de l'ouvrage broché : 50 francs.

LE FER FORGÉ EN FRANCE AUX XVIᵉ ET XVIIᵉ SIÈCLES, par Louis Blanc.

Il est devenu presque impossible aujourd'hui de se documenter avec quelque précision sur l'œuvre des ferronniers des XVIᵉ et XVIIᵉ siècles dont les compositions dessinées ou gravées se trouvent disséminées dans une foule de bibliothèques publiques ou particulières.

M. Blanc rend donc un service capital tant aux archéologues et amateurs de fer forgé, qu'aux architectes, décorateurs, ferronniers, en mettant à leur disposition cet album luxueusement présenté, qui, à la suite de notes biographiques sur les artistes étudiés, réunit un choix de près de 500 modèles authentiques et particulièrement représentatifs de l'art du fer forgé à cette époque.

L'ouvrage forme un beau volume in-4º raisin (23 × 32,5 cm.), contenant, outre le texte, 96 planches en héliotypie reproduisant 470 spécimens d'œuvres en fer forgé des xvie et xviie siècles.

Prix de l'ouvrage broché ou en portefeuille : 200 francs.

LES ANCIENNES FAÏENCES DE BRUXELLES. *Histoire, Fabrication, Produits,* par G. Dansaert.

La fabrication des premiers objets en faïence de Bruxelles date du milieu du xvie siècle. Mais la grande époque de cette fabrication se place au xviiie siècle et coïncide, d'ailleurs, avec l'apogée des fabriques célèbres de l'étranger : Nevers, Moustiers, Rouen, Strasbourg, Delft, Frankental, Alcora, etc.

Alors qu'il existe d'admirables travaux sur les céramiques de tous les pays, personne jusqu'ici ne s'était fait l'historien des faïences de Bruxelles. Le présent ouvrage comble cette lacune. Il est divisé en trois parties distinctes : histoire, fabrication et produits.

L'ouvrage forme un beau et fort volume grand in-4º carré (22,5 × 29 cm.) de 328 pages de texte, tiré à 600 exemplaires numérotés, sur papier de Hollande à la cuve Van Gelder. Il contient environ 110 marques de faïences et autres documents dans le texte, plus 56 planches hors texte reproduisant 256 pièces de faïences de Bruxelles, dont 61 en couleurs.

Prix de l'ouvrage broché : 300 francs.

TRÉSOR DE L'ART DENTELLIER. Répertoire des dentelles de tous les pays depuis leur origine jusqu'à nos jours, par A. Carlier de Lantsheere.

L'ouvrage forme un beau et fort volume in-4º raisin (25 × 32,5 cm.) de 180 pages de texte, illustré de 96 planches hors texte en héliotypie, reproduisant plus de 800 modèles différents, et de nombreuses figures dans le texte.   *Épuisé.*

DENTELLES ANCIENNES DES MUSÉES ROYAUX DES ARTS DÉCORATIFS ET INDUSTRIELS A BRUXELLES, par E. Van Overloop.

Depuis quelque vingt ans, la collection d'anciennes dentelles des Musées royaux de Bruxelles s'est accrue dans de notables proportions. Grâce aux recherches patientes de leur conservateur en chef, guidées par une connaissance sérieuse de cette matière, maintes pièces rares ont été acquises, toutes d'une réelle valeur, soit pour la perfection technique du travail, soit pour la beauté du dessin, ou encore à cause de leur importance historique. Petit à petit, cet ensemble est devenu le plus important que l'on connaisse, et l'on peut dire qu'il surpasse actuellement la célèbre collection conservée à l'ancien hôtel seigneurial de Gruuthuuse, à Bruges.

On comprend dès lors l'intérêt capital qu'il y avait à reproduire et à commenter une collection si importante au point de vue de l'histoire de la dentelle en Belgique. C'est ce que nous avons

tenté de faire dans cet ouvrage qui ne comprend pas moins de 100 planches hors texte en phototypie, accompagnées chacune d'un texte descriptif.

L'ouvrage forme un fort volume in-folio de 35,5 × 44 cm.

Prix de l'ouvrage en portefeuille : 480 francs.

ÉDITION DE LUXE. — Il a été tiré de cet ouvrage 12 exemplaires de luxe, texte et planches sur papier
de Hollande à la cuve Van Gelder Zonen, numérotés de 1 à 12.

Prix des exemplaires de luxe : 675 francs.

DENTELLES ANCIENNES DE LA COLLECTION ALFRED LESCURE (*Bruxelles, Malines, Valenciennes, Binche*), par E. VAN OVER-LOOP, conservateur en chef des Musées royaux du Cinquantenaire.

L'ouvrage consacré à la collection Alfred Lescure comprend 50 planches en phototypie, de
format in-folio (35,5 × 44 cm.), reproduisant 100 pièces diverses : dentelles religieuses, barbes,
volants, chevrons, coupes diverses, de Bruxelles, de Malines, de Valenciennes et de Binche. *Toutes
ces pièces, sauf 12 exactement, sont inédites* et n'ont jamais été reproduites. Ce recueil ne fait donc pas
double emploi avec les albums consacrés autrefois à certaines séries de la collection de M. A. Lescure.

Le tirage des planches a fait l'objet de tous nos soins et nous sommes parvenus à rendre les originaux avec une netteté dont tous les amateurs de la dentelle se réjouiront.

Chaque pièce est accompagnée d'une notice descriptive de M. E. Van Overloop.

Prix de l'ouvrage en portefeuille : 240 francs.

HISTOIRE DE LA MANUFACTURE DE JOUY ET DE LA TOILE IMPRIMÉE EN FRANCE, par Henri CLOUZOT, conservateur du Musée Galliéra.

L'histoire d'Oberkampf et des productions de la manufacture de Jouy, que de récentes expositions ont rendu célèbres à juste titre, s'imposait, par suite de la rareté des écrits publiés sur ce sujet.
Mais pour être complète, une histoire de la toile imprimée devait tenir compte de l'effort maintenu
pendant près d'un siècle par plus de 150 manufactures provinciales dont les impressions peuvent
bien souvent soutenir la comparaison des toiles de Jouy.

M. Henri CLOUZOT a si bien compris cette nécessité qu'il n'a négligé dans son ouvrage aucun
des ateliers provinciaux dont il a pu trouver la trace, et qu'ainsi son œuvre se présente comme le
premier travail d'ensemble exact et complet sur la toile imprimée au xviiie siècle.

L'ouvrage forme deux volumes in-4° carré (22,5 × 29 cm.), comprenant :

1° Un volume de texte d'environ 200 pages illustré de fac-similés d'autographes, de 39 " chefs "
de fabriques et de 10 planches hors texte en héliotypie.

2° Un album de 87 planches, dont une planche en couleurs et 86 planches en héliotypie.

L'ouvrage est fourni : le volume de texte en un élégant cartonnage en pleine toile polychrome,
imitation d'une toile de Jouy authentique; l'album de planches en un portefeuille recouvert de
la même toile.

Prix de l'ouvrage complet en 2 volumes : 350 francs.

MOBILIER ET DÉCORATION DES ANCIENS PALAIS IMPÉRIAUX RUSSES (*Musées du Peuple*), par Georges LOUKOMSKI, ancien conservateur du Musée-Palais de Tsarskoié-Sélo. Avec une préface de M. Louis RÉAU, ancien directeur de l'Institut français à Saint-Pétersbourg.

Depuis la Révolution de 1917, les anciennes résidences impériales russes, restaurées et transformées, ont été aménagées en " Musées du Peuple ". M. G. Loukomski, qui présida aux travaux de la Commission chargée de classifier et inventorier le mobilier de Tsarskoié-Sélo, nous donne dans son ouvrage une étude historique et descriptive de ce palais, le plus célèbre et le plus riche en objets d'art de toutes sortes. L'illustration, judicieusement choisie, permet de suivre aisément l'évolution du goût décoratif russe entre 1750 et 1850 et ses réactions en face des invasions successives de la mode occidentale.

L'ouvrage forme un volume in-4° raisin (25 × 32,5 cm.), comportant, outre le texte, 84 planches hors texte en héliotypie, reproduisant 213 documents de la décoration intérieure et du mobilier de Tsarskoié-Sélo.

Prix de l'ouvrage broché : 250 francs.

LA DEMEURE FRANÇAISE, revue trimestrielle paraissant sur 80 pages (trois numéros mensuels en un seul), est publiée pour servir à l'histoire des arts et des industries de l'habitation.

Magnifiquement illustrée, elle est la plus complète et la plus luxueuse revue de ce genre. Architecture, décoration, mobilier, jardins, céramique, etc., elle touche à toutes les questions concernant la demeure tant dans les styles anciens que dans l'art moderne. Organe de la grande décoration française moderne, elle signale au public ses œuvres les plus intéressantes.

Un numéro est envoyé franco sur demande.

Prix de l'abonnement annuel : France, 65 francs ; Étranger, 100 francs.
Prix du numéro séparé : France, 18 fr. 50 ; Étranger, 28 francs.

LA DIALECTIQUE DU DESSIN, par Jean DE BOSSCHÈRE.

Cet essai de philosophie pratique du dessin se recommande aux maîtres et élèves des académies et des ateliers, aux auditeurs des cours d'esthétique et d'archéologie, aux artistes soucieux de scruter le pourquoi de leurs réalisations empiriques, aux critiques d'art curieux d'explorer des méthodes et inquiets de donner une base à leurs jugements et à leur vocabulaire.

Le livre comprend 125 pages, illustré dans le texte de 18 figures démonstratives, reproductions de miniatures, frontispices et vignettes, et de 16 planches hors texte démontrant l'évolution du dessin de Van Eyck à Rembrandt.

Prix : 10 francs.

VILLES DE FRANCE ET DE BELGIQUE

Collection consacrée à un certain nombre de villes belges et françaises. Chaque volume contient

Vasc rituel figurant deux béliers.
O. Sirén. — *Histoire des Arts anciens de la Chine. Tome I, pl. 46.*

de 24 à 32 planches hors texte : reproductions de monuments, d'anciennes gravures, de tableaux, vues urbaines, types populaires, etc.

Volumes parus :

Anvers, Malines et Lierre, par Émile VERHAEREN.
Bruxelles et Louvain, par L. DUMONT-WILDEN.
Villes wallonnes, par Jules DESTRÉE.
Villes de Flandre, par Pierre NOTHOMB.
Villes du Nord, par Léon BOCQUET.
Arras, par Henry POTEZ.
Villes du Laonnois et de l'Ile-de-France, par Edmond PILON.
Reims, par Charles MERKI.
Villes de Picardie, par Henri MALO.
Villes de l'Est, par Georges GRAPPE.

Chaque volume : 5 francs.

VI. — OUVRAGES EN LANGUE ANGLAISE

SELECT GREEK COINS. *A series of enlargements illustrated and described* by George F. HILL, Keeper of the Department of Coins and Medals, British Museum.

The object of this volume is to present a series of illustrations of Greek coins, remarkable for their fine quality or as marking stages in the development of the art of coinage, uniformly magnified to a scale of three diameters. Such a series will be serviceable to all who, while they are not specially trained in the study of coins, are yet intelligent students of the history of art. In this book will be found the magnified reproductions of all sorts of Greek coins from the Sixth to the First Century B. C. The material used, for the most part, is in the British Museum; but a number of private collections have, by the kind permission of their owners, been laid under contribution.

The present volume is a handsome book in extra Super-Royal Quarto (11 × 14 inches), containing 64 plates, beautifully printed in double-tone collotype, reproducing altogether 266 enlargements of select Greek coins, with an Introduction and description by Mr. George F. HILL, the learned Keeper of Coins and Medals, British Museum.

Price : £ 3. 3. 0. net in cloth binding.

ENGLISH ILLUMINATED MANUSCRIPTS FROM THE TENTH TO THE THIRTEENTH CENTURY, by Eric G. MILLAR, F. S. A., Assistant Keeper in the department of manuscripts, British Museum.

In this volume an attempt is made to trace the history of English illumination from its first revival after the Danish invasion down to the year 1300. The book gives a general survey of this period of English illumination, followed by a most detailed account of the manuscripts chosen for reproduction and by a handlist of the most important English manuscripts, arranged in chronological order, giving short details of their present whereabouts, provenance if known, and references to existing reproductions.

The present volume is a handsome book in extra Super Royal Quarto (about 11 × 15 inches) containing 160 pages of text, a frontispiece in colours by Emery Walker Ltd., and one hundred plates in collotype, selected by the author from manuscripts in public and private collections in England and America, and on the Continent, reproducing altogether 164 miniatures of the English School from the 10th to the 13th century.

Price of the book : £ 5. 5. 0 net in cloth binding.

ÉDITION DE LUXE. — Twenty-five copies numbered 1-25 have been printed on *papier d'Arches à la cuve.*

Price of the " édition de luxe " : £ 8. 8. 0 net in cloth binding.

L'estrade et le trône impérial au T'ai ho tien.
O. SIRÉN. — *Palais Impériaux de Pékin. Tome I, pl. 43.*

ENGLISH ILLUMINATED MANUSCRIPTS OF THE XIVth AND XVth CENTURIES, by Eric G. MILLAR, Assistant Keeper in the department of manuscripts, British Museum.

This volume, which is a continuation of the previous work *English Illuminated Manuscripts from the Xth to the XIIIth Century,* by the same author, carries on the history of English illumination from the year 1300 until its virtual extinction at the end of the fifteenth century. The text is divided into three chapters dealing successively with the great East Anglian school, an important group of wonderful manuscripts of which the *Queen Mary's Psalter* is the most remarkable, and the productions of the English illuminators during the fifteenth century.

The present volume is a handsome book in extra Super Royal Quarto (about 11 × 15 inches) containing 116 pages of text, a frontispiece in colours by Emery Walker Ltd., and one hundred plates in collotype, selected by the author from manuscripts in public and private collections, reproducing 159 miniatures of the English School of the 14th and 15th centuries.

Price of the book : £ 5. 5. o net in cloth binding.

ÉDITION DE LUXE. — Twenty-five copies, numbered 1-25, have been printed on *papier d'Arches à la cuve.*

Price of the " édition de luxe " : £ 8. 8. o net per copy (cloth binding).

ASIATIC ART IN THE BRITISH MUSEUM (*Sculpture and Pictorial Art*), by Laurence BINYON, Officer in charge of the Oriental Drawings and Prints, British Museum.

Mr. Laurence Binyon gives the history of the formation and the growth of the collections of Oriental art in the British Museum. Then follow scientific descriptions, with complete data relative to the origins, the attributions, the bibliography and the sizes of one hundred and seven works of art, classified according to countries and schools, viz. : Indian sculpture ; Chinese sculpture ; Bactrian art ; Chinese paintings ; Japanese paintings ; Thibetan paintings ; Corean paintings ; Persian paintings ; Indian paintings ; Siamese paintings ; Burmese paintings.

The book, forming a splendid volume in-4⁰ (10,5 × 14 inches). contains text printed on pure cloth Lafuma paper, and the reproductions of 107 paintings and sculptures in 64 full-page illustrations, beautifully printed in double tint by the collotype process. The book is of the utmost importance to all interested in the art of the Far-East.

Price of the book : £ 3. 3 o net.

CHINESE PAINTINGS IN ENGLISH COLLECTIONS, by Laurence BINYON, Officer in charge of the Oriental Paintings and Prints, British Museum.

Chinese paintings has been one of the great revelations of the present century. Everywhere it has stirred among lovers of art an eager interest, delight, curiosity. The present volume contains a large selection of the finest chinese paintings from the British Museum and from several private collections. Of particular interest are some authentic specimens of early art from the discoveries made by Sir Aurel Stein on his latest expedition and also the striking examples of early fresco-painting on a grand scale, with which Mr. Eumorfopoulos has lately enriched his collection.

The present volume is a handsome book in extra Super Royal Quarto (11 × 14 inches), containing 72 pages of text and 64 plates beautifully printed in double tone collotype, reproducing altogether 85 chinese paintings selected by the author, giving examples of eminent painters from the early periods down to the eighteenth century.

Price of the book : £ 4. 4. 0 net in cloth binding.

BABYLONIAN AND ASSYRIAN SCULPTURE IN THE BRITISH MUSEUM, by H. R. HALL, Keeper of Aegyptian and Assyrian antiquities in the British Museum.

This volume represents the Mesopotamian collection of Asiatic sculpture in the British Museum. Dr. H. R. Hall has undertaken the work of writing the text and choosing the sculptures reproduced in this book. The text comprises a general study of the objects of Assyrian and Babylonian art in the British Museum, which includes at the same time a history of these collections, and substantial notes on the sculptures reproduced.

The present volume is a handsome book in extra Super Royal Quarto (11 × 14 inches), containing about 64 pages of text and 60 plates beautifully printed in double tone collotype, reproducing altogether 150 examples of the Mesopotamian collection of Asiatic Art in the British Museum.

Price of this volume : £ 3. 3. 0 net in cloth binding.

THE IMPERIAL PALACES OF PEKING. *Two hundred and seventy-four plates in collotype after photographs by the author and fourteen architectural drawings and maps with a short historical account,* by Osvald SIRÉN, Professor in the University of Stockholm.

The Imperial Palaces of Peking are, no doubt, the most important architectural monuments still existing in the capital of China. Although worn by time and neglect and no longer inhabited by the Son of Heaven or his gorgeous retinue, they still retain much of their ancient character and serve better than any other buildings to give an idea of the setting in which the most exquisite blossoms of Chinese art and civilisation have thrived. The author of the present work has had exceptional opportunities to study and to photograph the most important parts of the Imperial Palaces in and around Peking. He has thus been able to collect a photographic material which is absolutely unique in its completeness and which reproduces the most important buildings—interiors as well as exteriors—and the finest views within the precints of the Peking Palaces.

This work is of the greatest importance for the study of chinese art and decoration, as the author has taken many photographs of the inside views of the Palaces, which are reproduced in this work. All the plates are not only provided with legends in English and French, containing translations of the names of the various buildings, but also with titles in Chinese characters, which, no doubt, will greatly add to their importance as material for the study of Chinese history and art.

This work has been published in three beautiful large volumes in Royal 4º (10 × 13 inches), containing altogether 274 collotype plates in double tone, twelve large architectural drawings and two maps, besides about eighty pages of text. The text, like the plates, is divided into the three following sections : 1º *The Purple Forbidden City ;* 2º *The Sea Palaces ;* 3º *The Summer Palaces.*

Price of the three volumes : £ 8. 8. 0 net in cloth binding.

T'ANG, SUNG AND YUAN PAINTINGS BELONGING TO VARIOUS CHINESE COLLECTIONS, by Berthold LAUFER.

A 4º volume (10,5 × 14 inches) containing 30 collotype plates in double tone reproducing a selection of first class chinese paintings exhibited in New York, with critical notices and descriptions by Mr. Berthold Laufer, Curator of the Field Museum, printed by the Imprimerie Nationale on pure Lafuma cloth paper.   *Out of print.*

ANNALES DU MUSÉE GUIMET

Bibliothèque d'Art. — Nouvelle Série.

CHINESE PAINTINGS IN AMERICAN COLLECTIONS, by O. SIRÉN.

This work contains the reproduction of a large and fine selection of chinese paintings from private and public american collections specially photographed for this publication.

The whole work has been published in five parts in folio size (12 × 16,5 inches) containing 200 plates beautifully printed in double tone collotype with an introduction and description of the plates.

Price of the complete work in portfolio : £ 10. 10. 0 net.

OLD BRUSSELS, by G. DES MAREZ.

This album contains 50 full page plates reproducing the most conspicuous architectural monuments from the xiiith to xviiith century, preceded by an essay on the historical and architectural evolution of Brussels, refering to the plates.

Price : £ 0. 2. 6.

VII. — HISTOIRE

ATLAS DE GÉOGRAPHIE HISTORIQUE DE LA BELGIQUE, publié sous la direction de M. Léon VAN DER ESSEN, professeur à l'Université de Louvain, avec la collaboration de MM. F.-L. GANSHOF, diplômé d'études supérieures d'histoire, et J. MAURY, chef du Service cartographique au Ministère des Colonies. — Ouvrage honoré d'une souscription du Ministère des Affaires étrangères.

Cet ouvrage paraîtra en 7 fascicules, au format in-4° (25 × 32,5 cm.), contenant chacun une ou plusieurs cartes coloriées aux dimensions 50 × 65 ou 32,5 × 50 c. m., ainsi que le texte des notices. La préface définitive, donnant un tableau d'ensemble de l'histoire territoriale de la Belgique, paraîtra à l'achèvement de l'ouvrage. On souscrit à l'ouvrage complet. Les souscriptions sont payables par anticipation.

Les fascicules seront fournis aux souscripteurs au fur et à mesure de leur publication.

La souscription garantit le souscripteur contre toute augmentation de prix.

Prix de l'ouvrage complet : 50 francs.

ALBUM HISTORIQUE DE LA BELGIQUE, par H. VAN DER LINDEN, professeur à l'Université de Liége, et H. OBREEN, docteur en sciences historiques, précédé d'une préface de M. H. PIRENNE.

Le but des auteurs de cet ouvrage a été de rédiger une histoire de Belgique aussi condensée et aussi accessible qu'il se peut, un ouvrage qui puisse tenir le milieu entre les grands travaux de Pirenne et de Kurth et les manuels scolaires.

L'histoire de la civilisation belge se trouve synthétisée en 240 reproductions de monuments, peintures, sculptures, miniatures, estampes, groupées chronologiquement, depuis les origines jusqu'au xix⁰ siècle, et montrant clairement les phases successives de la vie publique et privée.

Un texte précis, mais sans inutiles longueurs et sans controverse, commente les documents reproduits. L'*Album historique de la Belgique* peut être mis entre toutes les mains; il s'adresse au public lettré comme à la jeunesse des écoles.

L'ouvrage forme un beau volume in-4°, contenant environ 110 pages de texte et 240 illustrations hors texte en typogravure.

Prix de l'ouvrage broché : 75 francs ; cartonné : 100 francs.

LA FRAPPE EN BELGIQUE OCCUPÉE, par Charles LEFEBURE. *Ouvrage dédié à Sa Majesté la Reine Élisabeth et vendu au bénéfice de l'Œuvre nationale des Invalides de la guerre.*

Cet ouvrage fournit la description méthodique et complète des monnaies, médailles et insignes

Pavie. Chartreuse. Une fenêtre de la façade.
Terrasse. — *L'Architecture lombarde. Pl. XI.*

frappés sur le territoire belge durant les années 1914 à 1918 et après l'armistice. Le catalogue est suivi de plusieurs tables méthodiques et générales, dont une table des noms d'artistes, d'ateliers et d'éditeurs.

L'ouvrage forme un beau et fort volume in-4⁰ raisin (25 × 32,5 cm.) de 364 pages de texte, illustré d'un frontispice en couleurs d'Anto Carte et de 105 planches hors texte, dont 6 planches en couleurs et 99 en héliotypie, reproduisant 1.335 des pièces citées.

Le tirage est limité à :

105 exemplaires sur vélin d'Arches à la cuve, numérotés de I à CV, dont 100 exemplaires mis en vente.

Prix des exemplaires sur Arches : 400 francs.

575 exemplaires sur papier pur chiffon Lafuma, numérotés de 1 à 575, dont 475 exemplaires mis en vente.

Prix des exemplaires sur pur chiffon Lafuma : 250 francs.

LA TOISON D'OR. *Origine et histoire de l'Ordre depuis son institution en 1429 jusqu'en l'année 1559*, par le baron H. KERVYN DE LETTENHOVE.

Puisant aux sources mêmes, s'inspirant de tous les documents réunis, l'auteur a retracé les origines et l'institution de cet ordre fameux, en a donné l'historique, et a démontré le rôle prépondérant que joua l'ordre dans l'histoire de la civilisation à la fin du Moyen Age.

Un beau volume, illustré de 42 planches hors texte, tirées en typogravure et reproduisant un certain nombre des plus beaux portraits des chefs et souverains et de chevaliers illustres de l'ordre, des miniatures célèbres, des estampes de l'époque, des armures, des sculptures, une des célèbres tapisseries d'Espagne, etc.

Prix de l'ouvrage broché : 25 francs.

ARMORIAL DE FLANDRE DU XVIᵉ SIÈCLE. *Familles et Communes flamandes. Métiers gantois.* 819 armoiries coloriées. Avec notices par Paul BERGMANS, bibliothécaire en chef de l'Université de Gand.

Cet ouvrage constitue la partie héraldique d'un manuscrit illustré de la Bibliothèque de Munich, le *Codex iconographicus* 265, intitulé *Flandria*. Il reproduit, au nombre de 819, les armoiries de la noblesse de Flandre, des villes du comté, des bannerets de Flandre, du patriciat gantois et des métiers de Gand. Toutes ces armoiries sont reproduites en couleurs, sur 54 planches hors texte, et accompagnées d'une notice descriptive.

Tirage limité à :

55 exemplaires sur papier de Hollande, numérotés de 51 à 105.   *Épuisé.*

230 exemplaires sur papier vélin.

Prix : 100 francs.

LA VIE DE FRANÇOIS RABELAIS, par Jean PLATTARD, professeur à la Faculté des Lettres de l'Université de Poitiers.

Nul mieux que M. Jean PLATTARD, dont l'érudition, en tout ce qui concerne le XVIᵉ siècle, fait autorité, n'était à même d'écrire ce livre qui fait admirablement connaître le grand humaniste si souvent défiguré. Sa vie tout entière semée de traverses, ses voyages, ses démêlés avec l'autorité ecclésiastique, ses nombreux et, pour certains, illustres amis, sont dépeints avec une science attachante dans ce volume que viennent illustrer nombre de documents sur les hommes, les monuments et les mœurs de la Renaissance.

L'ouvrage forme un fort volume in-4° carré (22,5 × 29 cm.) de 260 pages, illustré de 64 planches hors texte en héliotypie.

Prix de l'ouvrage broché : 200 francs.

L'ORIGINE DU TYPE FAMILIAL DE LA MAISON DE HABSBOURG, par le docteur Oswald RUBBRECHT. — I. *Les Ancêtres Bourguignons* ; II. *La Maison d'Espagne* ; III. *Les Habsbourg.*

L'auteur de ce travail a réuni, après de patientes recherches, une suite ininterrompue de portraits de la maison de Habsbourg, d'une authenticité incontestable. Celle-ci sert de base à une étude d'anthropologie iconographique, qui montre la constitution progressive familiale des Habsbourg. L'ouvrage du docteur Rubbrecht constitue en même temps une étude critique et historique des portraits mêmes, en tant qu'œuvres d'art, et met en lumière leur valeur respective. Un beau volume petit in-4° de 160 pages de texte, illustré de 82 reproductions hors texte.

Prix de l'ouvrage broché : 25 francs.

BIBLIOTHECA CLUNIACENSIS *in qua SS. Patrum Abb. Clun. Vitæ Miracula, Scripta, Statuta, Privilegia, Chronologiaqz duplex. Item Catalogus Abbatiarum, Prioratuum, Decanatuum, Cellarum, et Eccles.* ꝑ *Clun. Cœnobio dependentium, unà cum Chartis, et Diplomat. donationum earumdem.*

Réimpression textuelle de l'édition originale (de 1614) de ce célèbre ouvrage d'érudition, devenue presque introuvable, de dom Martin MARRIER et d'André DU CHESNE. La présente édition a été réimprimée mot à mot sur l'édition originale par l'imprimerie Protat frères, de Mâcon. L'ouvrage forme un gros volume in-folio de 1.900 colonnes avec un supplément de 172 colonnes de notes.

Il a été tiré de cet ouvrage :

125 exemplaires sur papier fort, de luxe, numérotés de 1 à 125, au prix de 280 francs.

225 exemplaires sur papier vélin, numérotés de 121 à 350, au prix de 170 francs.

CROQUIS D'ORIENT. PATRAS ET L'ACHAIE, par le baron Émile DE BORCHGRAVE.

Ces *Croquis d'Orient* intéresseront surtout le public d'Occident. Car ce qu'ils narrent et élucident avant tout, ce sont les poussées de la civilisation occidentale dans l'antique Péloponèse. Ils rappellent notamment les exploits de tous les Belges qui partirent là-bas et qui y guerroyèrent, avec ou sans succès, depuis le XIIᵉ siècle. L'ex-ministre de Belgique à Vienne se trouve avoir écrit ainsi une des pages de l'histoire de l'expansion belge.

L'intérêt de l'ouvrage est soutenu par une illustration documentaire des plus rares.

Un volume in-8°, contenant 24 planches hors texte.

Prix de l'ouvrage broché : 25 francs.

R. de Cotte. Hôtel de Toulouse (ancien hôtel de la Vrillière).
Coupe du grand escalier.
Jean MARIETTE. — *L'Architecture Française. Tome III, pl. 450.*

LES LETTRES DE CATHERINE II AU PRINCE DE LIGNE (1780-1796), publiées avec quelques notes par la princesse Charles DE LIGNE.

Ces lettres, presque toutes inédites, adressées de 1780 à 1796 par la grande Catherine au feld-maréchal prince de Ligne, seront une révélation pour tous les historiens et les amateurs de mémoires et de souvenirs historiques.

Un beau volume in-8° carré (14 × 22 cm.) de 240 pages de texte sur beau papier d'alfa, illustré, hors texte, de portraits de la grande Catherine et du prince de Ligne, d'après des miniatures de l'époque, et du fac-similé d'une lettre autographe de Catherine II.

Prix de l'ouvrage broché : 25 francs.

SOUVENIRS DE LA PRINCESSE DE LIGNE, née princesse Lubormirska (1815-1850), publiées par la Princesse Charles de LIGNE

Mariée, en 1836, au prince Eugène de Ligne, la princesse Hedwige Lubormirska suivit son mari dans ses diverses ambassades et notamment, à partir de 1842, dans son ambassade de Paris. Ce fut l'occasion pour la princesse Eugène de Ligne de recueillir sur la Cour et la ville les traits qu'elle a fixés en ses *Souvenirs*. On a, de plus, eu l'excellente idée d'y joindre d'importants fragments de la correspondance diplomatique du prince Eugène de Ligne.

Ces *Souvenirs* intéressent particulièrement la Belgique, la France, l'Angleterre, la Hollande, l'Autriche, l'Italie, la Pologne et la Russie.

Un beau volume in-8° carré (14,5 × 23 cm.) de plus de 400 pages de texte, illustré de 15 planches hors texte en héliotypie.

Prix de l'ouvrage broché : 30 francs.

ÉDITION DE LUXE. — Il a été tiré de cet ouvrage 52 exemplaires de luxe, numérotés, sur papier pur chiffon Lafuma.

Prix des exemplaires de luxe : 85 francs.

GODEFROID KURTH. — *Le Poète.* — *L'Historien.* — *Le Démocrate.* — *Le Chrétien,* par Thomas BRAUN, Karl HANQUET, Paul TSCHOFFEN, l'Abbé CARDYN.

Un volume in-16.

Prix : 2 fr. 50.

LES TRAITÉS DE 1815 ET LA BELGIQUE, par Émile BANNING.

Mémoire publié pour la première fois, d'après le manuscrit original, avec un avant-propos de Pierre NOTHOMB. Un volume in-16.

Prix : 4 francs.

UN DIPLOMATE BELGE A PARIS, *de 1830 à 1864* : FIRMIN RO-GIER. *Monarchie de Juillet ; Seconde République ; Second Empire*, par Ernest DISCAILLES, professeur émérite à l'Université de Gand, membre de l'Académie royale de Belgique.

L'ouvrage forme deux forts volumes in-4°, comprenant ensemble environ 700 pages de texte. Il est illustré, en frontispice, du très beau portrait de Firmin Rogier, peint par de Winne.

Prix : 30 francs.

Émile BANNING : CONSIDÉRATIONS POLITIQUES SUR LA DÉFENSE DE LA MEUSE. Mémoire rédigé en 1881-1886, réédité avec un avant-propos et une introduction par HISTORICUS.

Prix : 10 francs.

PETITE HISTOIRE DE BELGIQUE. Ouvrage honoré d'une souscription du Gouvernement.

Dans les pages très simples de ce volume, l'auteur a suivi pas à pas les deux grands historiens de la Belgique, Godefroid Kurth et Henri Pirenne. L'ouvrage forme un volume in-16 de 80 pages, orné de 4 cartes et d'un portrait du roi Albert en typogravure, hors texte.

Prix : 2 fr. 50.

Un exemple d'énergie nationale : LA COMPAGNIE D'OSTENDE, par Jacques CROKAERT. Préface de Léon HENNEBICQ.

Un volume in-16, relatant l'histoire de la fameuse *Compagnie des Indes*, fondée à Ostende au début du XVIIIe siècle.

Prix : 5 francs.

L'ALLEMAGNE AVANT LA GUERRE. *Les causes et les responsabilités*, par le baron BEYENS, ancien ministre de Belgique à Berlin.

L'empereur Guillaume. — La famille impériale allemande. La Cour. Le gouvernement. — L'armée et la marine allemandes. — Le parti de la guerre. — Le Reichstag et les partis politiques. — L'état des esprits. — Les causes économiques de la guerre. — La question du Maroc. — La question d'Orient. — La semaine tragique. — La neutralité belge et l'invasion de la Belgique. — Conclusion.

Prix : 12 francs.

L'AVENIR DES PETITS ÉTATS, par le baron BEYENS, ancien ministre de Belgique à Berlin. — *L'utilité et l'importance des petits États.*

— La Roumanie. — La Serbie. — La Bulgarie. — La Belgique. — Comment garantir l'indépendance des petits États.

Un fort volume in-16.

Prix : 12 francs.

EN ITALIE AVANT LA GUERRE (1914-1915), par Jules DESTRÉE, membre de la Chambre des Représentants. Préface de Maurice MAETERLINCK.

L'ouvrage, qui forme un volume in-16 de près de 200 pages, est préfacé par le célèbre écrivain Maurice Maeterlinck.

Prix : 10 francs.

EN ITALIE PENDANT LA GUERRE. *De la déclaration de guerre à l'Autriche (1915) à la déclaration de guerre à l'Allemagne (1916),* **par Jules DESTRÉE, membre de la Chambre des Représentants.**

Un volume in-16 de 252 pages.

Prix : 10 francs.

FIGURES ITALIENNES D'AUJOURD'HUI, par Jules DESTRÉE, membre de la Chambre des Représentants. *— S. Sonnino ; G. Giolitti ; L. Luzatti ; S. Barzilai ; C. Battisti ; L. Bissolati ; G. Salvemini ; G. d'Annunzio ; E. Corradini ; G. Ferrero.*

Ce livre nous fait connaître les esprits supérieurs de l'Italie d'hier, dont pour la plupart l'action a été si efficace avant l'intervention italienne et si vivifiante depuis l'entrée en guerre de l'Italie. L'auteur nous donne en même temps des aperçus très clairs sur les courants spirituels et politiques qui se manifestaient en Italie; il nous fait comprendre le rôle des divers partis, des classes diverses. Un fort volume in-16.

Prix : 12 francs.

LES FONDEURS DE NEIGE, par Jules DESTRÉE, membre de la Chambre des Représentants, ancien ministre de Belgique à Pétrograd.

Notes sur la Révolution bolchévique à Pétrograd pendant l'hiver 1917-1918.   *Épuisé.*

DOCUMENTS POUR SERVIR A L'HISTOIRE DE L'INVASION ALLEMANDE DANS LES PROVINCES DE NAMUR ET DE

LUXEMBOURG, par le chanoine Jean SCHMITZ et dom Norbert NIEUWLAND.

TOME   I. *A Proximité de la frontière. Les Premières Journées de l'invasion.* Prix : 25 francs.

TOME   II. *Le Siège de Namur.* Prix : 36 francs.

TOME   III. *Tamines et la Bataille de la Sambre.*

TOME   IV. *Le Combat de Dinant. La Conquête de la Meuse.* Prix : 35 francs.

TOME   V. *Le Combat de Dinant. Le Sac de la ville.*

TOME   VI. *L'Entre-Sambre-et-Meuse.* Prix : 35 francs.

TOME VII. *La Bataille de Neufchâteau et de Maissin.* Prix : 36 francs.

TOME VIII. *La Bataille de la Semois et de Virton.* Prix : 42 francs.

N. B. — *Les tomes III et V ne sont servis qu'aux souscripteurs à la collection complète.*

Ce travail est certainement le plus considérable, le plus complet et le plus sérieux qui ait été publié sur l'histoire de l'invasion en Belgique. Les auteurs ont le plus grand souci de l'impartialité et de la vérité. Avec une patience infinie ils ont recueilli des centaines de témoignages de personnes absolument dignes de foi. Une telle œuvre dépasse de loin l'intérêt régional. Elle a encore un autre intérêt, de portée générale, en ce sens qu'elle fait l'historique de la campagne de 1914 dans les provinces de Namur et de Luxembourg (*Batailles de Dinant, de la Sambre [Charleroi], des frontières,* etc.).

L'ouvrage est complet en 8 volumes. Chaque volume, de format in-4° couronne, comporte de 200 à 350 pages de texte et généralement de 100 à 200 reproductions hors texte et de nombreux documents (autographes, plans, cartes, etc.) dans le texte.

Prix de l'ouvrage complet en huit volumes : 480 francs.

PETITE HISTOIRE DE L'INVASION ET DE L'OCCUPATION ALLEMANDE EN BELGIQUE, par Léon VAN DER ESSEN.

Un volume in-16 de 140 pages.

Prix : 4 francs.

GLOIRE ET MISÈRE AU FRONT DE FLANDRE, 1914-1918. Texte et dessins de James THIRIAR.

Cet album constitue le mémorial glorieux et véridique de l'armée belge pendant la guerre. L'ouvrage forme un bel album de grand format, in-4° raisin oblong (25 × 32,5 cm.) de 80 pages de texte, illustré d'initiales, de vignettes et de culs-de-lampe, et de 36 compositions hors texte.

Prix de l'ouvrage broché : 30 francs ; cartonné : 45 francs.

G. Vallée. — Balcons.
L. BLANC. — *Le Fer Forgé en France aux XVIe et XVIIe siècles. Pl. 75.*

VIII. — LITTÉRATURE. THÉATRE. ESSAIS. ÉDITIONS DE LUXE ET D'AMATEUR. EX-LIBRIS

LE POÈME DU BEAUJOLAIS, par Pierre AGUÉTANT.

C'est le chant de la petite patrie, de ce Beaujolais aux aspects divers, souriants et austères tour à tour. Le livre est préfacé par Mme Hélène VACARESCO. Il est illustré de 10 hors-texte et orné de bandeaux et de culs-de-lampe d'après les compositions des artistes E. Brouillard et P. Combet-Descombes.

Un beau volume in-16 jésus, imprimé sur papier d'alfa genre ancien.

Prix de l'ouvrage broché : 8 fr. 50.

Prix des exemplaires de luxe : 28 francs.

LE GRAND VOYAGE DU ROI DES BELGES AUX ÉTATS-UNIS D'AMÉRIQUE, par Franz ANSEL.

C'est le récit, vivant et précis, farci d'aperçus nouveaux sur le pays, pittoresques et littéraires, du voyage que le roi Albert et la reine Élisabeth firent aux États-Unis à la fin de 1919.

Un beau et fort volume grand in-16, de 392 pages, illustré de 11 figures hors texte.

Prix de l'ouvrage : 12 francs.

Il a été tiré de cet ouvrage 100 exemplaires de luxe, numérotés, sur papier de Hollande à la cuve Van Gelder.

Prix des exemplaires de luxe : 36 francs.

DANS LES JARDINS DU DUC DE BRABANT (TERVUEREN), par le comte D'ARSCHOT.

Ouvrage d'une belle tenue littéraire et abondamment illustré sur Tervueren, ce Versailles brabançon, son parc, ses étangs, ses futaies, le village, l'église.

Un beau volume in-4° coquille. Tirage limité à :

15 exemplaires sur papier Impérial du Japon (*tous souscrits*).

350 exemplaires sur papier de Hollande à la cuve Van Gelder Zonen, numérotés de 1 à 350.

Prix de l'ouvrage : 67 fr. 50.

LE QUARTIER LATIN ET LA BIBLIOTHÈQUE SAINTE-GENE-
VIÈVE, par Théodore DE BANVILLE. Introduction et notes par
A. BOINET et F. CALOT, administrateur et bibliothécaire de la Biblio-
thèque Sainte-Geneviève.   *Épuisé.*

UN SOURIRE DANS LES PIERRES, par Charles BERNARD.

Ce sont des commentaires précieux, écrits en une langue délicate, tantôt sur le Campo-Santo de
Pise ou la Basilique de Ravenne, tantôt sur l'Hospice de Beaune ou la Chartreuse de Champmol,
ou encore sur la maison de Rubens ou celle de Plantin.

Prix : 6 francs.

PROPOS D'HIER ET D'AUJOURD'HUI, par Thomas BRAUN.

Ce recueil contient un certain nombre de discours sur des sujets aussi variés que *le Centenaire du
Code, la Belgique et l'Église, Ruysbroeck l'Admirable, Francis Jammes, l'Ardenne*, etc., prétextes à
exprimer avec quelque solennité des sentiments et opinions qui paraissent assez bien concorder
avec la manière de voir d'une jeunesse catholique et nationaliste. Un volume petit in-8°.

Prix : 6 francs.

A DES ABSENTS, 1914-1918. *Poèmes*, par Thomas BRAUN.
Un volume in-16°.

Prix : 4 francs.

LES VERTUS BOURGEOISES, par H. CARTON DE WIART. Orné
de 88 vignettes en couleurs d'Amédée LYNEN.

L'ouvrage, tiré à 500 exemplaires sur papier de Hollande à la cuve Van Gelder Zonen, forme un
beau volume petit in-4° illustré de 88 reproductions en couleurs d'après Amédée LYNEN. *Épuisé.*

LA SEMOIS. Album de 22 eaux-fortes de S. A. R. Mme la comtesse
DE FLANDRE. Préface de M. H. CARTON DE WIART.   *Épuisé.*

A MA PATRIE ENCHAÎNÉE. *Poèmes*, par Émile CAMMAERTS.

Un choix de poèmes patriotiques, écrits par M. Émile CAMMAERTS durant son exil en Angleterre : A ma Patrie enchaînée. Au grand Roi d'un petit pays, Fuite en Angleterre, Vœu de nouvel
an à l'armée allemande, Une tombe, Les renforts de la Mort, l'Angélus en Belgique, etc.

Prix : 4 francs.

CONTES POUR LES PETITS : PERRAULT, *La Belle au bois dormant*.
Conte de fées, avec des dessins d'Edmond VAN OFFEL. — PER-

Faïences provenant de la fabrique de la rue de Laeken.
Époque de Philippe Mombaers.
G. DANSAERT. — *Anciennes faïences de Bruxelles. Pl. XXIX.*

RAULT, *Cendrillon ou la Pantoufle de vair*, avec des dessins de Mlle M. VAN REUSEL. — PERRAULT, *Les Fées*, avec des dessins d'André CARPENTIER.

Une série de très jolis volumes pour les petits, admirablement tirés en plusieurs tons. Chacun de ces trois volumes contient plusieurs planches en couleurs, ainsi que des encadrements et des ornementations typographiques.

Chaque volume : 3 francs.

MÉTIERS DIVINS, par Jean DE BOSSCHÈRE.

Un volume in-16, tiré sur vélin anglais et orné de compositions de l'auteur. Tirage numéroté.
Épuisé.

LA VIE ET LES ŒUVRES DE WILLEM DE MOL, par Mlle J. DE MOL.

Cet ouvrage, consacré au talentueux compositeur belge Willem de Mol, forme un beau volume in-4º couronne (19 × 25 cm.), illustré de 12 planches documentaires hors texte.

Prix de l'ouvrage : 22 fr. 50.

L'ORNEMENT DES MOIS, par Maurice DES OMBIAUX. *Épuisé.*

EX-LIBRIS BELGES, par J.-L. DIRICK.

Un volume in-16 contenant 56 reproductions d'ex-libris. Tirage numéroté. *Épuisé.*

BLASPHÈMES POLITIQUES, par Charles DUMERCY.

Ce petit volume in-32, tiré avec grand soin, sera promptement recherché par les amateurs de curiosités littéraires.

Prix : 7 fr. 50.

A TRAVERS LA HOLLANDE. *Carnet d'un automobiliste*, par Dominique DURANDY.

En une série de croquis alertes ou incisifs, l'auteur nous conduit " à canaux rompus " à travers le royaume des tulipes. Il nous mène à Amsterdam, la Venise du Nord, à Alkmaar, fief des fromages de Hollande, à Haarlem, la Haye, Rotterdam, et partout suscite devant nos yeux les " pastels " hollandais.

Le volume est orné de frontons et de culs-de-lampe dessinés à la plume par l'artiste hollandais G.-J. Veldheer.

Tirage limité à 550 exemplaires numérotés sur papier de Hollande à la cuve Van Gelder.

Prix de l'ouvrage : 25 francs.

Il a été tiré 25 exemplaires numérotés sur papier Impérial du Japon

Prix des exemplaires de luxe : 56 francs.

MON PAYS. *Villages et paysages de la Riviera*, par Dominique DURANDY. *Première série.*

Un volume in-16.   *Épuisé.*

MON PAYS. *Villages et paysages de la Riviera*, par Dominique DURANDY. *Nouvelle série.*

Un volume in-16.

Prix : 12 francs.

Il a été tiré de ce volume une édition de luxe, à 225 exemplaires numérotés, sur papier de Hollande à la cuve Van Gelder Zonen, à grandes marges, texte réimposé. Ces exemplaires sont ornés de 24 compositions de l'artiste G.-A. Mossa, tirées hors texte.

Prix des exemplaires de luxe : 75 francs.

PASSANTS DE LA RIVIERA, par Dominique DURANDY, ornementations de G.-A. MOSSA.

Dans ce volume, l'auteur s'est plu à croquer d'une plume alerte, parfois mordante, toujours spirituelle, les *Passants*, illustres ou notoires, de la *Riviera*.
L'ouvrage forme un volume in-8º raisin, traité en édition de luxe, tiré à 1.000 exemplaires sur papier d'Arches à la cuve, avec des ornementations de l'artiste G.-A. Mossa.

Prix : 18 francs.

NEUF NOUVELLES JAPONAISES, traduites par Serge ELISSÉÈV.

Une série de nouvelles dues aux meilleurs conteurs japonais actuels : *Le Crime du Jongleur.* — *Le Tatouage.* — *Le Renard.* — *Les Poupées.* — *Les Trois Jours.* — *L'Été qui commence.* — *Le Cornac.* — *Le Double Suicide de Shimabara.* — *Le Bruit des vagues de la rivière.*
Un volume in-8º carré (14 × 22 cm.) de 196 pages de texte.

Prix : 12 francs.

CHANSONS DÉSABUSÉES, par Max ELSKAMP.

Ce nouveau recueil du célèbre poète anversois est sérié en cinq chants : *Soi, Clartés, Heures, En Elles, De Soi.*
Un beau volume in-8º carré, orné de 56 bois originaux et inédits, gravés par Max Elskamp. Tirage en deux couleurs, limité à 300 exemplaires numérotés, sur papier de Hollande à la cuve Van Gelder.

Prix de l'ouvrage broché : 75 francs.

LES DÉLECTATIONS MOROSES. *Poèmes*, par Max ELSKAMP.

En Soi. — *Sous le Soleil.* — *Chez les Marchands d'Asie.* — *Ægri Somnia.* — *D'un Soir d'été.*
Un beau volume in-8º carré (14,5 × 23 cm.), tiré à 300 exemplaires numérotés sur papier à la

cuve de Pietro Miliani à Fabriano, orné de 56 bois originaux et inédits, gravés par Max Elskamp.
Tirage en deux couleurs.

Prix de l'ouvrage broché : 75 francs.

FIGURES ET SITES DE BELGIQUE, par FIERENS-GEVAERT.

Epuisé.

SIX BOIS ORIGINAUX DE MAURICE BROCAS, avec préface de FIERENS-GEVAERT.

Un album de format in-4° raisin (25 × 32,5 cm.), contenant 6 hors-texte et 10 vignettes, tirés sur les bois originaux de Maurice Brocas. Tirage limité à 50 exemplaires numérotés, sur papier de Hollande à la cuve Van Gelder Zonen.

Prix : 56 francs.

LE BRABANT DÉVASTÉ. Douze sonnets de Charles GHEUDE. Douze dessins de Firmin BAES.

L'ouvrage forme un élégant album oblong, de format in-4° (19 × 29 cm.), contenant 12 planches hors texte, admirablement tirées en héliotypie.

Tirage limité à 600 exemplaires.

Prix : 12 francs.

LES JOYEUSES ENTRÉES EN BELGIQUE, par Louis GILLET. Ornementations de Constant DRATZ.

Une jolie plaquette de format in-8°, dans laquelle l'auteur raconte ses impressions de l'entrée du roi et de l'armée belge à Bruges, à Anvers et à Bruxelles. La plaquette est ornée de 14 dessins de Constant Dratz, sous couverture du même artiste. Tirage en deux teintes, sur beau papier vélin anglais.

Prix : 6 francs.

RÉFLEXIONS D'UN SOLITAIRE, par A.-E.-M. GRÉTRY. Manuscrit inédit publié par les soins de la Commission pour la publication des œuvres des anciens musiciens belges. Avec une introduction et des notes, par Lucien SOLVAY et Ernest CLOSSON.

Cet ouvrage constitue la première édition d'un manuscrit inédit du grand compositeur GRÉTRY, que le maître considérait comme son véritable testament intellectuel, où il avait renfermé sa pensée la plus intime. L'ouvrage comprend quatre volumes de format in-8°, de plus de 300 pages chacun; chaque volume est orné d'un portrait différent de Grétry.

Tirage limité à 425 exemplaires numérotés, sur papier de Hollande à la cuve Van Gelder Zonen.

Prix de l'ouvrage complet en quatre volumes : 175 francs.

LA PHILOSOPHIE ET LES PHILOSOPHES, par J. HOFFMANS, docteur en philosophie.

Répertoire général des ouvrages publiés dans tous les pays relatifs à la Philosophie et à l'Histoire de la Philosophie : Dictionnaires, Traités, Cours, Manuels, Histoire de la Philosophie, Mouvement et Écoles philosophiques dans les divers pays, les Systèmes, la Philosophie de l'Histoire, Histoires littéraires de la Philosophie, etc.

Un fort volume in-8º raisin de 400 pages (2.716 numéros, une table des matières, et un index par nom d'auteur).

Prix : 60 francs.

EN VILLE MORTE, par Franz HELLENS.

Un beau volume in-8º jésus, avec couverture et 11 dessins hors texte par Jules DE BRUYCKER.

Prix : 25 francs.

LA LÉGENDE D'ORPHÉE, par A. HUBENS.

Un volume in-16 avec 10 gravures dans le texte.   *Épuisé.*

LA MÈRE DE LAMARTINE, d'après des documents inédits, par C. LATREILLE.

Dans ce livre, le fervent " lamartinien " qu'est M. LATREILLE, professeur à la Faculté des Lettres de Lyon, exalte l'admirable mère du grand poète, qui eut une si heureuse influence sur l'esprit et le cœur de son fils. Il retrace sa vie et tout au long du livre publie de nombreuses lettres adressées par la mère du poète à son fils. Conservées pieusement dans les archives de Saint-Point, ces lettres étaient restées inédites et n'avaient même pas été publiées par Lamartine dans ses *Confidences* ni dans les *Commentaires* de ses poésies.
Un beau livre in-16 jésus, illustré de 8 planches hors texte en héliotypie.

Prix : 12 francs.

NOUVELLE SÉRIE DE BIBLIOTHÈQUES ET D'EX-LIBRIS DE BIBLIOPHILES BELGES AUX XVIIe, XVIIIe ET XIXe SIÈCLES, par B. LINNIG.

Cet ouvrage, qui forme un beau volume de plus de 250 pages, imprimé sur beau papier vélin, de format petit in-4º, contient, outre une étude et des notes biographiques sur les graveurs de l'époque, 80 notices sur des bibliophiles belges des XVIIe, XVIIIe et XIXe siècles. Il est illustré d'un grand nombre d'ex-libris et, en hors texte, de 6 réimpressions *sur les cuivres originaux*, d'une réimpression lithographique et de plusieurs ex-libris de grand format. Le tirage a été limité à 525 exemplaires dont : 500 exemplaires sur papier vélin, numérotés de 1 à 500.

Prix : 40 francs.

10 exemplaires sur papier des Manufactures Impériales du Japon, numérotés de I à X.

Prix : 170 francs.

15 exemplaires sur papier de Hollande Van Gelder Zonen, numérotés de XI à XXV.

Prix : 85 francs.

Jouy. — Le ballon de Gonesse, camaïeu, 1784.
H. CLOUZOT. — *Histoire de la Manufacture de Jouy,
et des toiles imprimées en France au XVIIIe siècle. Pl. 10.*

LA LÉGENDE DE TIJL ULENSPIEGEL. Cinquante-cinq planches gravées sur bois, par P.-A. MASUI-CASTRICQUE.

Tirage sur les bois originaux limité à :

200 exemplaires sur papier de luxe Antique laid of Greenfield.   *Épuisé.*

30 exemplaires sur papier Impérial du Japon, numérotés de I à XXX, planches signées par l'artiste.   *Épuisé.*

MARISABELLE. *Poème,* par Pierre NOTHOMB.

Une plaquette de luxe, tirée à 500 exemplaires.

Prix : 5 francs.

UN POÈTE DE LA VIE POPULAIRE : MAX ELSKAMP, par Louis PIÉRARD, orné de bois originaux gravés par ELSKAMP.

Ce volume est orné de frontispices, frontons, culs-de-lampe et figurines dont cinq en pleine page, gravés sur bois par Max Elskamp et tiré sur les bois originaux.

Une belle plaquette in-8°, tirage en deux teintes, limité à 300 exemplaires sur papier de Hollande à la cuve Van Gelder, numérotés de 1 à 300.

Prix de l'ouvrage : 25 francs.

DES HUMANITÉS, ÉCOLE D'HUMANITÉ, par H.-E. PIRENNE, chargé de cours à l'Université de Gand.

Une étude très substantielle du problème tant controversé des humanités.

Prix : 2 fr. 50.

L'ÉVOLUTION THÉATRALE DRAMATIQUE ET LYRIQUE, par Lucien SOLVAY, membre de l'Académie royale de Belgique.

Cet ouvrage, dont l'équivalent n'existe pas en langue française, vient combler une véritable lacune dans l'histoire dramatique et musicale. Dans les deux volumes de cet ouvrage, l'un consacré à la Musique, l'autre au Drame et à la Comédie, l'auteur marque l'évolution théâtrale du XVIIe siècle à nos jours, et il n'a rien laissé dans l'ombre de ce qui peut intéresser le professionnel aussi bien que l'élite du grand public.

L'ouvrage forme deux volumes in-8° raisin, de 400 pages chacun.

Prix de l'ouvrage complet en deux volumes : 40 francs.

LA DÉCOUVERTE DE LONDRES PAR UN FRANÇAIS, par Léon SOUGUENET.

Ce ne sont pas de simples notes, jetées au hasard d'une traversée, que ce livre. M. SOUGUENET a vécu plusieurs années à Londres, et il a été tenté de fixer ses expériences. Il l'a réalisé avec l'esprit original, mordant, qu'on lui connaît, et certains chapitres sont de vrais chefs-d'œuvre d'observation fine et juste. Ce livre est écrit dans une langue souple, élégante, et ne manquera pas de plaire tant à la majorité du public qu'à l'élite des lettrés.

Prix : 6 francs.

TÉMOIGNAGE. *Souvenirs d'un journaliste français de Belgique*, par Léon Souguenet.

M. Léon Souguenet publie aujourd'hui, sous le titre *Témoignage*, ses " souvenirs de journaliste français de Belgique ". Comme l'auteur est fort répandu par la Belgique et dans les milieux les plus divers, son livre évoque de très nombreuses silhouettes de tous les mondes : littéraire, politique, militaire, artistique, avec des jugements désinvoltes, dans la manière de l'auteur, sur les types les plus connus.

Prix : 5 francs.

LE CHAPERON ROUGE, dessiné et gravé par Edgard Tytgat.

Un des livres les plus jolis et les plus originaux qui aient paru depuis longtemps. De format in-8° raisin, il contient 16 planches hors texte dessinées et gravées dans cette note naïve et pittoresque qui fait le charme d'Edg. Tytgat, et tirées en couleurs, par l'artiste, sur sa presse à bras et sur les bois originaux. Le texte est également gravé sur bois, de même que le titre, la couverture et les feuilles de garde, tirés en couleurs par l'artiste.

Le tirage est limité à 100 exemplaires, numérotés et signés par l'artiste, dont :

30 exemplaires, numérotés de 1 à 30, sur papier de Chine, contenant une seconde suite des planches tirée en sépia.

Prix : 90 francs.

70 exemplaires, numérotés de 31 à 100, sur papier de Hollande à la cuve Van Gelder.

Prix : 135 francs

LES ÉTAPES, par G. Vanzype.

Pièce en 3 actes, représentée pour la première fois à Bruxelles, au théâtre du Parc, le 29 janvier 1907.
Épuisé.

LES SEMAILLES, pièce en 3 actes, par Gustave Vanzype.

Prix : 6 francs.

LES VISAGES, par Gustave Vanzype.

Pièce en 3 actes, représentée pour la première fois à Bruxelles, au théâtre du Parc, en mai 1922.

Prix : 6 francs.

LES AUTRES, par G. Vanzype, pièce en trois actes.

Prix : 10 francs.

HISTOIRE DU CÉLÈBRE THÉATRE LIÉGEOIS DE MARION-
NETTES, par R. DE WARSAGE. Illustré.

Prix : 10 francs.

LA VIEILLE FLANDRE. *Poèmes de* Marcel WYSEUR, *bois originaux
gravés* par P.-A. MASUI-CASTRICQUE.

Les très beaux poèmes de Marcel WYSEUR sont ornés de 27 bois gravés par un artiste de grand
talent, M. P.-A. Masui-Castricque, qui s'est fait connaître par une illustration magistrale de la
Légende d'Ulenspiegel.

Un beau volume in-4° coquille. Tirage sur les bois originaux à 230 exemplaires numérotés sur
vélin d'Arches à la cuve.

Prix de l'ouvrage : 45 francs.

L'HUMANISME BELGE A L'ÉPOQUE DE LA RENAISSANCE,
par Alph. ROERSCH, professeur à l'Université de Gand.

Après avoir longuement exposé, en une savante introduction, les origines de l'Humanitisme belge,
M. Roersch nous trace le portrait de quelques-uns des représentants les plus notoires de notre
érudition classique avec une curiosité minutieusement renseignée à toutes les sources de l'érudition.

L'ouvrage, de format in-8°, forme un volume très instructif de 174 pages.

Prix : 7 fr. 50.

LETTRES D'UN PROVINCIAL OU LES PROPOS DU CON-
SEILLER EUDOXE. Réédition d'une série d'écrits parus clan-
destinement à Bruxelles sous l'occupation.

Un beau volume in-16.

Prix : 10 francs.

IX. — DIVERS

LES SERRES ROYALES DE LAEKEN, par Charles DE BOSSCHÈRE. Autochromes du lieutenant-colonel BLANPAIN. Préface de M. Henri CARTON DE WIART, ministre d'État.

Les Serres royales de Laeken, créées par le roi Léopold II, jouissent d'une réputation universelle. Les jardins d'hiver, les serres et les galeries fleuries sont l'objet d'un juste orgueil pour le pays. C'est à ce vaste domaine de fleurs, à la description et à l'étude critique de ces merveilles horticoles, qu'est consacrée la publication annoncée ci-dessus. L'ouvrage forme un beau volume in-4° raisin (25 × 32,5 cm.), illustré de 25 planches hors-texte en couleurs et d'une quarantaine de gravures dans le texte. Le tirage est limité à 600 exemplaires numérotés, sur papier de Hollande à la cuve Van Gelder Zonen.

Prix de l'ouvrage broché : 100 francs.

GUIDE DU PROMENEUR DANS LA FORÊT DE SOIGNES, par René STEVENS et Louis VAN DER SWAELMEN.

Ce volume est complètement mis à jour. Il contient dix itinéraires abondamment illustré : deux grands itinéraires d'orientation générale à travers les deux moitiés est et ouest de la forêt, et huit autres itinéraires parcourant toutes les autres parties de la forêt sans exception. On y trouve en outre : des tableaux résumant toutes les combinaisons possibles d'excursions, des listes de sentiers pour les piétons, des pistes cyclables, des allées pour cavaliers et un tableau des moyens de transport, chemins de fer et tramways, conduisant à proximité de tous les points remarquables de la forêt.

L'ouvrage forme un beau et fort volume in-8° coquille (14 × 22 cm.) de plus de 300 pages de texte, orné de 40 illustrations.

Prix : 7 fr. 50.

Il a été tiré de ce livre :

60 exemplaires sur papier couché anglais.

Prix : 13 fr. 50.

25 exemplaires de luxe, numérotés, sur papier " Japan Vellum ".

Prix : 34 francs.

LA FORÊT DE SOIGNES. Monographies historiques, scientifiques et d'esthétique, par un groupe de spécialistes, réunies par René STEVENS et Louis VAN DER SWAELMEN.

Un beau volume in-8° de 328 pages, orné de 42 illustrations, dont plusieurs hors texte.

Prix : 6 francs.

La Tabatière de Catherine II.

G. LOUKOMSKI. — *Mobilier et décoration des anciens palais impériaux russes. Pl. XXVIII.*

Il a été tiré de ce livre :
60 exemplaires sur papier couché anglais.

Prix : 13 fr. 50.

25 exemplaires de luxe, numérotés, sur papier " Japan Vellum ".

Prix : 34 francs.

MONOGRAPHIE DU CHEVAL DE TRAIT BELGE, par le chevalier HYNDERICK DE THEULEGOET.

Ouvrage fort intéressant, où sont exposés tour à tour l'origine des chevaux domestiques, les races belges, les caractéristiques du cheval belge, etc. Beau volume, format oblong, illustré de 15 magnifiques reproductions en héliogravure.

Prix : 25 francs.

POISSONS DES EAUX DOUCES ET SAUMATRES DANS LEUR HABITAT, par Florent VAN AELBROECK.

Un album de format oblong (25 × 32,5 cm.) de 116 pages de texte et 22 planches hors texte, d'après les dessins d'Émile Rentiers.

Prix : 12 francs.

OUVRAGES ÉPUISÉS

ANCIENNES PEINTURES DANS LES PAYS-BAS, par W. MARTIN et
E. W. MOES.

Ars Asiatica : I, II, III :

LA PEINTURE CHINOISE AU MUSÉE CERNUSCHI, par Ed. CHAVANNES
et Raph. PETRUCCI.

SIX MONUMENTS DE LA SCULPTURE CHINOISE, par Ed. CHAVANNES.

SCULPTURES ÇIVAÏTES DE L'INDE, par A. RODIN et autres.

L'ART CHRÉTIEN.

ART FLAMAND ET HOLLANDAIS ANCIEN ET MODERNE. ÉTUDES ET DOCU-
MENTS.

L'ART FRANÇAIS AU XVIIIe SIÈCLE, par Henry MARCEL et autres.

ALBERT BAERTSOEN, par FIERENS-GEVAERT.

THIÉRY BOUTS, par Arnold GOFFIN.

HENRI DE BRAEKELEER ET SON ŒUVRE, par Camille LEMONNIER.

PETER BRUEGEL L'ANCIEN, par René VAN BASTELAER et G. HULIN
DE LOO.

JACQUES CALLOT, MAITRE-GRAVEUR, par Pierre-Paul PLAN.

LES DEUX CANALETTO, par Giulio FERRARI.

CATALOGUE DE LA COLLECTION DE PEINTURES du baron JANSSEN, à Bruxelles,
avec notices de W. MARTIN.

CATALOGUE GÉNÉRAL DE LA SECTION DES BEAUX-ARTS A L'EXPOSITION
DE CHARLEROI EN 1911.

CHEFS-D'ŒUVRE DE L'ART ANCIEN A L'EXPOSITION DE LA TOISON
D'OR à Bruges en 1907.

CITÉS ET VILLES BELGES, par A.-Th. ROUVEZ.

ÉMILE CLAUS, par Camille LEMONNIER.

FRANZ COURTENS, par Gustave VANZYPE.

JACQUES DUBREUCQ DE MONS, par R. HEDICKE.

DENTELLES ANCIENNES ET MODERNES, par J. NABER.

LES DESSINS DE JACOPO BELLINI AU LOUVRE ET AU BRITISH MUSEUM, par V. GOLOUBEW. Édition française.

JULIEN DILLENS, par Arnold GOFFIN.

LES DINANDERIES AUX EXPOSITIONS DE DINANT ET DE MIDDELBOURG, par Joseph DESTRÉE.

L'ÉCOLE BELGE DE PEINTURE (1830-1905), par Camille LEMONNIER.

JAMES ENSOR, par Émile VERHAEREN.

LES ÉBÉNISTES DU XVIIIe SIÈCLE, par le comte F. DE SALVERTE. Nouvelle édition.

L'ESTAMPE FRANÇAISE AU XVIIIe SIÈCLE, par François COURBOIN.

LES ÉTAPES, par G. VANZYPE.

EX-LIBRIS BELGES, par J.-L. DIRICK.

L'EXPOSITION DE LA MINIATURE A BRUXELLES EN 1912.

L'EXPOSITION DES " PRIMITIFS FRANÇAIS " ET L'INFLUENCE DES FRÈRES VAN EYCK SUR LA PEINTURE FRANÇAISE ET PROVENÇALE, par G. HULIN DE LOO.

FIGURES ET SITES DE BELGIQUE, par FIERENS-GEVAERT.

FONDEURS DE NEIGE, par Jules DESTRÉE.

FRÜHOLLÄNDER (1450-1550). LES PRIMITIFS HOLLANDAIS AU MUSÉE ARCHIÉPISCOPAL D'UTRECHT, par Franz DÜLBERG.

FRÜHOLLÄNDER IN ITALIEN (Les Primitifs hollandais en Italie), par Franz DÜLBERG.

LE GENRE SATIRIQUE DANS LA PEINTURE FLAMANDE, par L. MAETERLINCK.

VICTOR GILSOUL, par Camille MAUCLAIR.

FRANS HALS, par E. W. MOES.

HEURES DE MILAN (LES), par G. HULIN DE LOO.

HISTOIRE DE L'IMAGERIE POPULAIRE FLAMANDE, par E. VAN HEURCK et G. J. BOEKENOOGEN.

HOBBEMA, vingt paysages.

JACQUES JORDAENS, par P. BUSCHMANN.

JUSTE DE GAND (JOOS VAN WASSENHOVE), par A. DE CEULENEER.

FERNAND KHNOPFF, par L. DUMONT-WILDEN.

EUGÈNE LAERMANS, par G. VANZYPE.

La Légende d'Orphée, par A. Hubens.

La Légende de Tijl Ulenspiegel, par M. A. Masui-Castricque.

Le Livre d'Heures de Notre-Dame dites de Hennessy, par J. Destrée.

Un Livre d'Heures du duc Jean de Berry, par Pol de Mont.

Petit Manuel de l'amateur de Bourgogne, par Maurice des Ombiaux.

Métiers divins, par Jean de Bosschère.

Quentin Metsys, par J. de Bosschère.

La Miniature italienne, par Paolo d'Ancôna.

Très Belles Miniatures de la Bibliothèque royale de Belgique, par Eugène Bacha.

Mon Pays. Villages et paysages de la Riviera, 1re série, par Dominique Durandy.

L'Ornement des mois, par Maurice des Ombiaux.

Les Peintres animaliers belges, par G. Eekhoud.

Le Peintre wallon Nicolas de Neufchatel dit Lucidel, par Louis Piérard.

La Peinture en Belgique. Les Primitifs flamands, par Fierens-Gevaert.

Peintures ecclésiastiques du Moyen Age, par J. Six.

Quelques Peintures identifiées de l'époque de Rubens, par L. Maeterlinck.

Portraits d'artistes, par Sander Pierron.

Nicolas Poussin, par Émile Magne.

Le Psautier de Peterborough, par J. Van den Gheyn.

Le Quartier latin et la Bibliothèque Sainte-Geneviève.

Quatre Artistes liégeois, par Maurice des Ombiaux.

Recueil des conférences de la section des Beaux-Arts a l'Exposition de Charleroi en 1911.

La Renaissance septentrionale et les premiers maitres des Flandres, par Fierens-Gevaert.

Auguste Rodin. L'homme et l'œuvre, par Judith Cladel.

Saint François d'Assise dans la légende, par A. Goffin.

La Sculpture chinoise du Ve au XIVe siècle, par O. Sirén.

La Semois, par H. Carton de Wiart.

Valentin Séroff, par Marie Kovalensky.

Alfred Stevens et son œuvre, par Camille Lemonnier.

A. Stevens, par P. Lambotte.

Les Tableaux de Peter Bruegel le Vieux au Musée impérial de Vienne, par G. Glück.

T'Ang, Sung and Yuan Paintings, by Berthold Laufer.

Trésor de l'art belge au XVIIe siècle.

Trésor de l'art dentellier, par A. Carlier de Lantsheere.

Troubles en Flandre et dans les Pays-Bas, par Marc Van Vaernewyck.

Une École primitive méconnue, Nabur Martins ou le Maître de Flémalle, par L. Maeterlinck.

Hubert et Jean Van Eyck, par E. Durand-Gréville.

Lucas Van Leyden, par le docteur F. Dülberg.

Vertus bourgeoises, par H. Carton de Wiart.

INDEX

PAR NOMS D'AUTEURS

OUVRAGES

ANONYMES ET COLLECTIFS

Catalogue de l'Exposition d'Art ancien bruxellois (1905), 8.

Catalogue de l'Exposition de la Toison d'Or à Bruges en 1907, 8.

Catalogue de l'Art belge au XVIIᵉ siècle à Bruxelles en 1910, 8.

Catalogue général de la section des Beaux-Arts à l'Exposition de Charleroi en 1911, 9.

Recueil des conférences de la section des Beaux-Arts à l'Exposition de Charleroi en 1911, 9.

Catalogue général de l'Exposition de la Miniature à Bruxelles en 1912, 9.

Catalogue de l'Exposition d'Art ancien dans les Flandres à Gand en 1913, 9.

Catalogue de l'Exposition de l'Art belge ancien et moderne à Paris en 1923, 9.

Catalogue de l'Exposition des Pastels français à Paris en 1927, 9.

Catalogue de l'Exposition rétrospective Henri de Braeckeleer à Paris 1928, 9, 32.

Catalogue de l'Exposition des Arts anciens d'Amérique à Paris en 1928, 10.

Catalogue de l'Exposition des plus belles reliures de la Réunion des Bibliothèques nationales à Paris en 1929, 10, 49.

Les Anciennes Écoles de peinture dans les palais et collections privées russes, 17.

Les Chefs-d'œuvre de l'Art ancien à l'Exposition de la Toison d'Or à Bruges en 1907, 19.

Les Chefs-d'œuvre de l'Art flamand à l'Exposition de la Toison d'Or à Bruges en 1907, 19.

Trésor de l'Art belge au XVIIᵉ siècle, 21.

L'Exposition de la Miniature à Bruxelles en 1912, 21.

Frans Hals, sa vie et son œuvre, 22.

Bulletin Rubens, 23.

INDEX
PAR TITRES D'OUVRAGES

Louis XIV (le), par Louis Hautecœur, 67.

Manufacture de Jouy et la toile imprimée au xviiie siècle (la), par H. Clouzot, 65.

Manuscrits à peintures (les), par Henry Martin, 43.

Marisabelle, par Pierre Nothomb, 93.

Nabur Martins ou le maître de Flémalle, par Louis Maeterlinck, 15.

Mémorial de l'Exposition rétrospective organisée à Anvers en 1920, par Paul Buschmann, 33.

Mère de Lamartine (la), par C. Latreille, 92.

Métiers divins, par Jean de Bosschère, 89.

Carl Millès, sculpteur suédois, par M.-P. Verneuil, W. Unus et Ch. Marriott, 31.

Miniature anglaise du xe au xiiie siècle (la), par Eric G. Millar, 39.

Miniature anglaise du xive et du xve siècle (la), par Eric G. Millar, 39.

Miniature byzantine, par J. Ebersolt, 38.

Miniature flamande au temps de la

Cour de Bourgogne (la), par le comte Paul Durrieu, 41.

Miniature française du xiiie au xve siècle (la), par Henry Martin, 40.

Miniature italienne du xe au xvie siècle (la), par Paolo d'Ancona, 40.

Miniatures orientales de la collection Goloubew au Museum of Fine Arts de Boston, par Ananda K. Coomaraswamy, 55.

Miniature persane du xiie au xviie siècle (la), par Arménag bey Sakisian, 40.

Miniature à l'Exposition de Bruxelles en 1912 (la), par Paul Lambotte, 7.

Mobilier et décoration des anciens palais impériaux russes, par Georges Loukomski, 74.

Mobilier français d'aujourd'hui (le), par Pierre Olmer, 65.

Monographie du cheval de trait belge, par le chevalier Hynderick de Theulegoet, 97.

Mon Pays, première série, par Dominique Durandy, 90.

Mon Pays, nouvelle série, par Dominique Durandy, 90.

Antonio Moro, par H. Hymans, 16.

Mostaert (les), par Sander Pierron, 2.

TABLE DES PLANCHES

LE PRÉSENT CATALOGUE, COMPOSÉ EN GARAMOND
MONOTYPE, A ÉTÉ ACHEVÉ D'IMPRIMER LE
TREIZE AOUT MIL NEUF CENT VINGT-NEUF PAR
L'IMPRIMERIE ARRAULT ET Cie, A TOURS, SUR
PAPIER PUR CHIFFON DES PAPETERIES NADAL
A GEMENS (ISÈRE). LA COUVERTURE TIRÉE SUR
PAPIER SIMILI-JAPON DES PAPETERIES DUJARDIN
A PARIS. LES PLANCHES HORS TEXTE IMPRIMÉES
EN HÉLIOGRAVURE PAR LA SOCIÉTÉ ANONYME
"NÉOGRAVURE" A PARIS.
EN OUTRE DE CETTE ÉDITION, IL A ÉTÉ TIRÉ
CENT VINGT EXEMPLAIRES DE LUXE, TEXTE ET
PLANCHES SUR PAPIER D'ARCHES A LA CUVE
NUMÉROTÉS DE I A 120.

6580